「超」怖い話 壬《みずのえ》

松村進吉／編著
深澤夜／共著

竹書房
怪談
文庫

※本書に登場する人物名は、様々な事情を考慮して全て仮名にしてあります。また、作中に登場する体験者の記憶と体験当時の世相を鑑み、極力当時の様相を再現するよう心がけています。現代においては若干耳慣れない言葉・表記が登場する場合がありますが、これらは差別・侮蔑を意図する考えに基づくものではありません。

ドローイング　担木目鱈

まえがき

長年に亘って怪談収集を生業《なりわい》としてきた結果、私はひとつの持論を持った。

世の中には、一種の「現実改変」とでも言うような特殊な磁場を放つ人間がいる。

別にＳＦの話をしようというのではない。我々が暮らすこの日本という国の、今現在についての話である。


——ああ、この著者もとうとう頭がイカれてしまったんだなと呆れた人もあろう。

そう思うなら、それで構わない。

むしろそのように感じるのが自然なことだし、あなたの世界が正常である証《あかし》と言える。

我々はずっと、そのように思える世界で暮らしてきたのだ。私だってそうだ。

極々普通の家庭に生まれ、極々普通に育ったはずであったのに、あるときからこの、怪談屋という異常な職業に携わってしまった。

結果、どうなったかと言うと——私は「まともな世界」を失った。

大多数の人間にとって、怪談などというものは絵空事である。

この世のものでないものなど視えもしないし、聞こえもしない。

だが、極一部。雑踏の中でぐるりと周囲を見渡したとき、その中のひとりかふたり。

我々の知る世界とは、違う世界を生きている人間がいる。それが、この本に記された怪談の体験者であり、我々とは違うレイヤーを生きる人間である。

彼らの世界には「霊」がいる。「怪異」がある。

時には物理法則すら捻じ曲がる。

そんな馬鹿なと思っても、彼らが語る体験談には創作物にはない迫真性があり、具体的な実害を及ぼす危機があり——時には絶対に存在し得ない「物証」すら提示される。

彼らの話を否定することは、彼らの存在自体を否定することだ。

流石《さすが》にそれは、無理だ。

彼らは現に、私の前にいるのだから。

彼らの話を聞き集めれば聞き集めるほど、私の世界は侵蝕されてゆく。

まえがき

私の元に持ち込まれた「あり得ない話」が放つ磁場によって歪み、崩壊してゆく。

ないはずのものがある世界。いないはずのものがいる世界。

意識してそれらと距離をおけば、歪みはやがて是正され、常識的な日常も戻ってくるだろうが、生憎《あいにく》私の場合はそれを仕事にしてしまっている。

――恐らくもう、怪談を絵空事だと笑っていられる世界には帰れないだろう。

そして本書を、本書のシリーズを、半ば習慣のように手に取ってしまっているあなたもまた、私と同じ境遇なのかもしれない。


怪異は実在する。

本書に書かれた怪談は、全て実話である。

今年もまた、「超」怖い話の夏へ、ようこそ。

編著者

目次

きゅうり

丹羽《にわ》さんは〈夢に視る〉タイプの人だという。

「……祖母も、大叔母も、亡くなったのは夜中だったんですが、その時間寝ていた私の夢に出てきたんです」

どちらもいささか異様な出現の仕方であったため、その直後にハッと目を覚ましてしまったらしい。

――お祖母さんは、彼女が学校か何かの夢を見ている最中に突然教室のドアを開けて入って来て、「私、もう行かなきゃいけないけど、みっちゃんと仲良くするんだよ」と急いだ様子で告げた。

「ユッコちゃん。あんた達が喧嘩してるのを見るのは本当につらい。私は最後まで、それだけがつらかった。……ね、お願いだよ」

みっちゃん、というのは当時不仲だった丹羽さんの妹である。

顔を合わせても交わすのは舌打ちくらい、という程お互いを嫌っていたのだが、通夜で共に泣きながらお祖母さんを偲《しの》んで以降、徐々に気持ちは改善し、今ではふたりで旅行にも行く良好な関係になっている。


一方大叔母の死は、非常に悲しい思い出である。

未明の火事で亡くなってしまったからだ。

――その夜、丹羽さんはどこか地中海風の、見知らぬ街で暮らす夢を見ていた。

石畳の道を歩き、小さなレストランに入ろうとしたところで――突如その中から大叔母が飛び出して来て彼女の肩を掴み、揺さぶった。

「……ああ、どうしよう！　ねえユッコちゃん、私、どうしよう！　あぁぁーっ、大変だ、大変だ大変だ大変だ……！」

あまりの形相と大声に、丹羽さんはガバッと跳ね起きたという。

両腕には鳥肌が立っており、本当に両肩を掴まれたような痺れもまだ残っていた。

そのまま眠れず布団の中にいると、ほどなく、大叔母の家の近所の人から電話が掛かって来て、火事のことを知らされた。

大叔母の事実上の最後の言葉となったのがあの夢かと思うと、今でも酷く恐ろしく、震えるほどに悲しいという。

※

さて。これはそんな彼女が、五年ほど前に経験した話になる。

当時丹羽さんの息子さんは三歳で、町内の保育園に通っていた。園への送り迎えは旦那さんと交代で行っていたそうだが、やはり彼女が行ったときのほうが他のママ友達との交流は多く、色々な世間話も聞けた。

その中である日、「同じクラスの子のママである池上さんが、酷く落ち込んでいる」という話が耳に入って来た。

「……最近、御主人がお迎えに来てるのもその所為《せい》らしくってね」

「それは、どこか体調を崩したとかではなく……？」

「ううん。そうじゃなくて、ずっと可愛がってたラブラドールが死んじゃったらしいのよ。それも、早く病院に行けば全然助かるはずだったのに、忙しくてほったらかしにしちゃったから、治療が間に合わなかったみたいで」

「まあ……」

買い物帰りなどの際に数回、池上さんがお子さんと大型犬を連れて歩いているのは、見かけたことがあった。あの犬が死んでしまったのか。

「……ユウマ君が産まれる前から飼ってた犬なんだけど、やっぱりね、小さい子がいると大変で、ペットにまでは目も届き難くなるじゃない」

「うん、そうなんでしょうね。やっぱり仕方がないと思うけど」

「でも、本人はそうは思えないみたい」

——息子の世話とラブラドールの命を、天秤にかけてしまった。

いやむしろ、息子を言い訳にしてペットの世話を怠《おこた》った。

私が殺したのだ。独身の頃からずっと一緒にいた、愛犬を。

所謂《いわゆる》ペットロスである。

更にそこに「罪悪感」まで乗ってしまうと、飼い主の精神的負荷は何倍にもなる。言うまでもないが育児中はただでさえ疲労が溜まるもので、何が切っ掛けとなって負の連鎖を引き起こしてしまうかわからない。

丹羽さんは心配になった――。

前述した彼女の妹も、出産後に諸々が重なってメンタルを壊しかけていた。そのときは、丹羽さんを含めた親類一同でどうにかサポートすることもできたが、池上さんのところはどうなのか。

とても気になる話だったが、具体的に何かできる訳でもない以上、彼女としては回復を祈るしかなかった。

その二日後か、三日後のこと。

丹羽さんは図書館とも書店とも付かない、大きな施設を散策している夢を見た。

明るい外の風景が見える窓際にはテーブル席が並んでおり、そこでフランス料理を食べている人達もいる。如何にも夢といったチグハグさだが、特に不思議には思わない。

自分もいつかあそこで食べたいな、しかし相当値段も張りそうだ、次に来るときは銀行に寄ってから来よう、などと丹羽さんは考えていた。

再び歩き始めた彼女が、大きな書棚と書棚の間をフッと覗き込んだとき。

そこに一頭のラブラドールが座っていた。

――一目見た瞬間「池上さんの犬だ」と理解すると同時に、これが夢であるということにも、丹羽さんは気付いた。

「……僕は大丈夫、全然怒ってないし、ずっと一緒にいられて嬉しかったよって、ママに言ってもらえませんか」

「あ……、あなた、喋れるの……？」

「ママにも何回も話しかけたんですけど、まだ毎日泣いていて、気付いてもらえないんです。ママが悲しんでいるから、ユウ君もずっと、辛い気持ちになっています。僕は死んだけど一緒にいるし、死ぬのは当たり前でちっとも辛くないから、ママも早く普通に戻って欲しいんです」

「…………」

ラブラドールはそこで、少しためらうように視線を下げた。

丹羽さんは頭の奥で「すぐにでも目を覚ましそうだ」という焦りを感じ、「何？　他に言いたいことはある？」と、犬を急かした。

スンスンスン、と床を嗅いでから、彼は顔を上げる。

「……おやつより、僕、きゅうりが欲しい」

「きゅうり」

——そこで、目が覚めた。


翌日、丹羽さんは人づてに池上さんの家を教えてもらって、早速訪ねたという。

見るからにやつれた池上さんは、当初極めて怪訝な表情で彼女の話を聞き始めたが——その口から「きゅうり」という単語が出た瞬間、ぐしゃっ、と顔を歪めて号泣した。

「……そう言ったんですか。茶太郎が」

「……は、はい。確かに。おやつより、そっちが欲しいって……」

丹羽さんは、うわーッ、と声を上げて泣く池上さんの背中をさすってあげた。

近所の人がチラチラとふたりを見ながら通り過ぎて行くので、流石にとても、困ったそうである。

※

茶太郎という名前だったその犬は、どういう訳か野菜を齧るのが好きで、中でも特にきゅうりを好んでいたらしい。

勿論《もちろん》それは人間用の食材なので、何かの拍子に池上さんの目を盗んで奪い、咥えて逃げていたのだった。そのたびに「こらッ!」と叱られるのに、それでも毎回きゅうりを見るたび尻尾を振って「ちょうだい、ちょうだい」と走り回っていた。

「それで、池上さんはすぐに遺影の前にきゅうりをお供えして。……もしかすると自分の夢にも出てきてくれていたのかもしれないのに、気付いてあげられなかった、ってまた泣いてしまって」

なだめるのに随分時間がかかったという。

茶太郎はどんな声だったかとも訊かれたが、何故かそれはまったく記憶になかった。

明らかに日本語として聞いたはずなのだが、奇妙なことに「音」としては残っていない。

また、よく考えてみると夢に現れた「異物」と会話をしたのは、丹羽さんにとってこれが初めての経験でもあった。今までは一方的に話しかけられるだけだったのだ。

池上さんは最後に、何度も何度もお礼を言って、彼女の手を握った。

今でも親密にしているそうである。


「アハッ……。変な話ですよね、すみません。全然怖くなくて」

丹羽さんはぺこりと頭を下げた。

そんなことはない、とても助かります――と、私も感謝した。

忘れ物

雑貨店を営む鳥井さんが、中学生の頃の話。
彼女は当時、地元駅前の雑居ビルにある学習塾へ通っていた。
週に三回、授業が終わるのは夜の九時。
中学生が出歩くには遅い時間である。
「……まぁ、三十年も昔の話ですからね。その頃はそんなに危ないとも思ってなくて」
近所に住む同級生と一緒に、自転車で通っていたという。

ある日のこと、いつものように授業を終えてエレベーターに乗り、ビルのエントランスまで来たところで、鳥井さんはハッと足を止めた。
「いけない。水筒置いてきちゃった」

ごめん、ちょっと待っててと同級生に言い置き、彼女は踵《きびす》を返す。

早く戻らなければ、教室の鍵を閉められてしまう。

学習塾はビルの四階の、三つの部屋を教室にしていたが、事務所は別の階にある。一度戸締まりされてしまうと事務所まで頼みに行かねばならず、ややこしい。

次々と出口に向かう生徒達に逆行し、鳥井さんはエレベーターで四階に戻った。

——幸いなことに、ガランとした教室にはまだ先生が残っており、慌てて水筒を引っ掴んだ彼女に「気を付て帰ってね」と苦笑した。

ぺこり、と頭を下げて鳥井さんは教室を出た。


蛍光灯の明かりも眩しい廊下にはずらりとガラス窓が並んでおり、黒々とした夜景の上に、彼女の姿を反射させている。鳥井さんはそれを見ながら、無意識的に少し前髪を触った。ベージュ色のシャツにジーンズ。赤い鞄と水筒。

ひと気はなく、フロアタイルの床に自分の足音だけがペタペタと響く。

エレベーターはいつの間にか最上階まで上がっていた。

ボタンを押したが、なかなか降りて来ない。

フッと心細さを感じた鳥井さんは、水筒からお茶をひと口飲んだ。

やがて——ポーン、とランプが点き、エレベーターのドアが開いた。

中には中学生くらいの女子が乗っていた。

ベージュ色のシャツにジーンズ。赤い鞄。

その顔を見て、あっ……、と思った鳥井さんだったが、次の瞬間何故か咄嗟《とっさ》に、自分もそこへ乗り込んでしまった。


——恐怖しかない。

隣にいるのは自分である。

意思が見られないボウッとした顔で前を向いているが、服も背恰好も、持っている鞄も、明らかに己の姿をしている。

地団太を踏みたい気持ちになりながら彼女は水筒をギュウッ、と抱きしめる。

馬鹿だ馬鹿だ馬鹿だ、どうして乗ってしまったんだ、失敗した失敗した失敗した——。

異常な事態に頭が混乱し、「逃げるには降りるしかない」「ならばエレベーターに乗るしかない」という本末転倒な行動に出てしまった。

幅も奥行きも一メートル少々しかない小さな箱の中で、自分自身とふたりきり。

そいつはまるでマネキンのように微動だにしない。

ああいやだ、怖い、いやだ……。


時間にすれば、ほんの三十秒程度である。しかし体感としては三十分にも感じたという。

ようやく目の前のドアがポーン、と開いた。

鳥井さんは頭の中で炭酸水が弾けるような焦燥に駆られ、「うわあああっ……」と声を漏らしながらエレベーターを飛び出す。

するとグイッ、と水筒の紐が引っ張られて彼女の手から滑る。

背後でゴトンとそれの転がる音を聞いたが、とても取り戻せるような状況ではない。

鳥井さんは全速力で友達が待つビルの出口に走り、そのまま逃げるように帰宅した。


「……で、そんなことがあった翌々日が、また塾の日だったんですけど。もう休もうかな、イヤだなぁって思いながら、自転車置き場に自転車を駐めたら」

ビルの脇に、粉々に砕けた彼女の水筒の破片が掃き寄せられていた。

まるで高所から叩き落とされたかのようであったという。

鳥井さんはまた恐ろしくなって、その場から、ビルを見上げることができなかった。

――頭上の窓から、自分にソックリなあの顔が、こちらを見下ろしているような気がしたからだ。

その塾にはそれから数週間通ったものの、結局、辞めてしまったそうである。

抜け毛

「最近抜け毛が気になるかも？　って……」

早希さんは『女性は禿げない』説を信奉している。

抜け毛というのも、排水口に詰まる髪の毛が増えたとか、枕に付いているとかではないらしい。

「根本が黒くなってきたから余計わかるんですよね。鏡で見たとき、いつの間にかなんか生え際とかが寂しくなったかな、とか。こう、手櫛を入れたときに『アレッ』って。季節の変わり目だからじゃねって思ってたんですけど……ちょっといじり過ぎたかなって」

一度に二回、三回のブリーチ。アッシュやら何やらでは飽き足らず、気に入った色を入れてくれる店を探して電車を乗り継ぎ、原宿の美容室にも通った。

「ほら、コロナのせいで一時期県境跨ぐなって言われちゃったから。バイトもいくつかなくなって、大学も休みで家からも出ないし、不摂生じゃないですか。実家も大変なのに仕送り増やしてとも言えなくって……栄養が偏ったせいかも」

次第に危機感を覚えた早希さんは、髪も休ませ、栄養バランスに気を配り、運動をした。

「筋トレ流行《はや》ってたんですけど、私、続いたことないし。とにかく歩こうと思って、ウォーキング始めたんです」

彼女のアパートから大学までの間、ルートからやや逸れたところに神社があった。

ウォーキングのついでに、何となくその神社に立ち寄ることが多くなったのだそうだ。

住宅地の奥――小さな森に囲まれた、忘れ去られたような一角である。

荒れてるな、というのが第一印象だった。

境内には誰もいなかったが、手水舎《ちょうずや》に『コロナウイルス感染防止のため使用禁止』と張り紙があったので管理はされているようだ。

そこでだけは気兼ねなくマスクを外すことができた。

一息ついて煙草に火を付けると、境内の奥、裏手のほうで何やら物音がした。

（やばっ）

彼女は慌てて安いシガーを揉み消す。この御時世に煙草は評判が悪く、更に『どうせマスクするから』と化粧をしていないのが気まずかった。

誰かいるのだろうかと暫《しばら》く息を殺していたが、誰も出てくる様子はない。

そうしてまた煙草に火を点けたそうだ。すっぴんを気にして、煙を人除けにしようと思った節もある。

その間、裏手の物音のことは頭から消えていたそうだが。

「一本きちんと吸い終わってさて帰ろうってときに思い出したんです。誰かいたのかな、もしかして狸とかかなって、スマホ取り出して……」

あれきり物音はしない。反対側から森を抜けていったのかも知れず、それならそれで良かったと言える。もし狸や猫ならば嬉しい。

そっと歩いて境内を回り込んで裏手に出ると、そこには誰もいなかった。

敷地の土と、辺りをぐるりと囲む森の下生えが藪になっているだけ。獣道の類もなく、ここを抜けて人が去ったとも考え難い。

ふと彼女は誘われるようにその藪に近づいてみた。

近づいてすぐ、ある痕跡に気付いた。地面の土に、点々と残る妙な跡があるのだ。

それは綺麗に、等間隔に並んでいた。


「土を掘り返した跡ですよ。色違うから、すぐわかるじゃないですか、そういうのって」

つまり、掘り返したばかりである。

彼女は「猫がウンコした」と思ったが、狸が宝物を埋めた可能性も捨てきれなかった。


彼女は関心を持ってそこに近づき、まじまじと見た。

掘り返した跡――いや、何かを埋めた跡である。

うっすらと土を盛った小さな塚の下からはみ出るものに気付いて、彼女はハッとした。

髪の毛である。長い髪の毛だ。

毛先は、束ねればマットなほどのスモーキーピンク。


「見覚えのある色じゃないですか――？」

彼女の髪は毛先三分の一ほどが艶消しした、まさにスモーキーピンクである。

スニーカーの先で、恐る恐る小さな塚を崩す。

その下にあったものは髪の毛のみ。それが数十本から百本程度、『一抓《ひとつま》みほど』というのがささやかに思えるほどの束になっていた。

根本は黒。

中程が淡く、毛先にゆくにしたがって彩度が鮮やかになるグラデーション。

紛れもない、それは彼女自身の髪の毛だ。

思わず自分の頭に手をやる。

地面に埋められていた自分の髪の束は真ん中で、土で汚れた細紙によってまとめられていた。

髪は絡まっても千切れてもいなかった。黒い部分の長さでそれがいつくらいの毛かもわかる。

どれもごく最近のものだ。切り揃えたかのように似た長さの、同じ時期の髪が束になって埋められていたのだ。

わけわかんないじゃないですかそんなの、と早希さんは声を僅かに震わせる。

髪は最近のものだったが、その前数か月遡《さかのぼ》っても誰も部屋には入れていない。

日頃からとにかく戸締まりにだけは気を遣っているという。部屋はアパートの上階で、家の中のものがなくなったりしたことは一度もない。

「あの神社にはもう近寄らないことにしたけど……」

気丈に振舞う彼女の瞳には、明らかな怯えがあった。

腹話術

関本氏は日帰りのトレッキングを趣味にしている。

「山ってのは、季節によって全然違う風景になるからね。同じコースを何十回歩いても、飽きることはないよ」

今年で古希《こき》、七十歳を迎えるそうだが、背筋は伸びており動作も素早い。

とはいえ若い頃のように歩けないことは自覚していて、現在は月に一度くらいしか出掛けないという。

「登りは平気なんだ。別に何時間だって歩けるし。……問題は下りでね、速度が出やすいからって調子に乗ってホイホイ進んでしまうと、その後が大変」

平常あまり負荷のかからない向う脛の筋肉を酷使することになり、それが夜中に攣《つ》って、眠れなくなるらしい。

確かに裏側のふくらはぎではなく、スネが攣ったという経験は思い当たらない。

山歩きならではの弊害なのだろう。如何《いか》にも痛そうだ。

なのでできるだけゆっくりと、意識的に速度を落としながら下っていくことが肝要だと、関本氏は言う。


三年前の春先の話である。

ほどなく昼になろうかという時間帯——関本氏はひとり、通いなれた地元の山を歩いていた。自生する二輪草やら銀蘭やらに目を細めながら、下りのコースに差し掛かったところで、ふと前方に座り込む人影に気付く。

おや……、と思った。

四十代くらいの、スーツ姿の男性。

酷く汗をかき、疲れ切った様子だった。

いくら整備された山道でも、足下が革靴というのは不似合い過ぎる。

——よもや自殺をしに来た訳ではあるまいが、目の前を素通りする訳にもゆかない。

関本氏は近くまで行き、立ち止まった。

「……失礼ですが、どこか具合が悪いのですか？　私はこれから降りてゆくので、下に着いたら助けを呼びましょうか」

ハッ、と男性は顔をあげた。

気弱そうな表情。銀行か何かの営業職のようだ。

誰かに連れられてここまで来たものの、革靴のせいで歩けなくなったのかもしれない。

勿論それも、考え難い話ではあるが――。

「すみません。大丈夫です、ちょっと休憩してただけで……」

「足が痛いなら、タオルを差し上げます。靴の中に敷き込むといい」

「いえ、本当に……。それよりも、そちらから登って来られるとき、女の人とすれ違いませんでしたか？」

女の人……？　と、関本氏は首を傾げた。

生憎そんな覚えはない。

一本道なので、気付かなかったということもあり得ない。

麓の駐車場からここまでの道中は、およそ一時間。このまま下りの道を進んでゆけば、三十分ほどで別の駐車場に出る。

つまり山の西側と東側、どちらからでも登り始められるのだが、環状コースではないので端まで行ったらUターンすることになる。歩きどおしでも都合三時間はかかる道のり。この男性はそれを革靴で歩き始めてしまい、どうにか半時間は進んで来たものの、ここで限界になったのだろう。

……やれやれ、と肩をすくめながら関本氏は小さなリュックを下ろした。

そして新しいタオルを取り出し、尚も固辞する男性の胸元に押しつけた。

「いいから、これをお使いなさい。半分に裂いて、靴の中に……」

「――ああっ！　ゆ、ユミエさん！　ちょっと待ってください！」

突然男性が大声を上げ、関本氏を押しのけるようにして立つ。

仰天し、草むらへ転げ落ちそうになったので、咄嗟に「お、おいッ！　危ないだろう！」と声を荒らげてしまった。

が、男性の視線を追って背後を振り返り、ギクリとする。

ほんの一、二分前に自分が歩いて来た道に、何かが置いてある。

いつの間に。

どこから。

「……なっ、何だ？」

それは、西洋人形である。

座った状態で置かれているが、頭からつま先まで四、五十センチほどであろうか。

ひらひらとレースの付いた帽子をかぶり、エプロン姿。膨らんだスカート。

白っぽい顔。十メートル以上離れているので、細部までは確認できない。

じっとそれを凝視していると、関本氏の首筋にぞわぞわぞわ、と鳥肌が立った。

「何だあれは……。誰が置いたんだ？」

「……もう、見失ったかと思いましたよ！　酷いじゃないですか先に行くなんて！」

スーツの男は顔を顰《しか》め、痛そうに足を引き摺りながら人形に向かっていく。

一体何を言っているんだ。

異常だ。

「ま、待て君。待て、おかしい……」

「うるさいッ、放せ！」

関本氏は男の腕を取ろうとしたが、乱暴に振り払われる。

男は歯を食いしばりながら人形に近づき、両手でそれを抱き上げると、媚《こ》びるような声で何かを呟きつつ、関本氏の来た道を歩いて行った。

「――で、まぁ、それっきりなんだけども。私は気を取り直して先まで進んで、反対側の登山口で飯を食ってね」

そちら側の駐車場に、車は停まっていなかったという。

あの男は一体何だったのかと思いながら、彼は早々に引き返した。

どこかさほど進まぬ内に、また座っているだろうと思ったからである。

「……でも、いなかったね。もう会わなかった。山の中に入っていったのか、それとも誰かが、反対側の駐車場まで迎えに来たのか。どっちにしろ気味が悪かったし、あの日以来、あそこのコースには行ってないんだ」

話を終えてからやや置いて、関本氏はためらいがちにこう付け加えた。

「勘違いだったのかもしれない、とは思うんだけどね……。その男が西洋人形を抱えて、トボトボ歩いていくときに――」

人形が女の声で、返事をしていたような気がする、と彼は言った。

当然それは、腹話術の類だったのかもしれない。

頭のおかしい男がひとり二役、裏声で呟いていただけなのかも。

「……ただ、なんか。変ではあったよ。凄く。私は、あんな上手に女の声を出す奴なんて、見たことがなかったから……」

幸か不幸か、話の内容までは聞こえなかったという。

ペットボトルランド

「事故物件――？　じゃあないらしいっすよ」

井口君はそう言って笑った。

彼の引っ越し先は繁華街にほど近いマンションだった。内廊下で機密性の高い、やたらと高級感のある物件である。

入居者とか殆《ほとん》どホストかホステスばっかなんじゃないすか、と彼は語る。

「前の住人も同業だったのかなぁ？　とにかく相当ヤバかったって聞いてます」

その部屋に入居後暫くして、どうも変なことが起きるようになったという。

起きるとベッドの枕元や、洗面台の流し台に見覚えのない空ペットボトルが置いてある。

しかも水もジュースも、全部自分のお気に入りのブランドばかり。

「――あ、自分で置いたんだろって思ったでしょ。それは違うんすよ」

井口君は接客業で、酒を扱うプロだ。絶対にうっかり倒してしまう場所に置いたりはしないのだという。それが高い酒でなくとも、だ。

ならば彼以外の誰かが、彼の捨てたボトルを拾って、わざわざ並べていることになる。

「引っ越してからこっち誰も入れてないっす。面倒くさいですもん」

すわ怪現象かと彼は不動産屋を問い質《ただ》した訳だが、その結果は冒頭に書いた通り。

「〝天声人語に誓って〟事故物件じゃないっつってました」

けれど井口君もそれで納得した訳ではない。

そこで廊下を挟んだ向かいの部屋の瞳さんという人に前の住人について聞いた。

彼女も前の住人のことをよく覚えていた。それによると所謂ゴミ屋敷なのだろう、ゴミ、特に大量のペットボトルを溜め込む人だったらしい。

二リットルの水、清涼飲料水、安酒——ラベルを見なくても形でわかる。

たまに件《くだん》の部屋のドアが開くところに出くわすと、住人と共に大量の空ペットボトルが流れ出た。だから特に交流がなくとも、瞳さんはお向かいの異状には気付いた訳だ。

人が外出するのかそれともペットボトルに押し流されてきたのか判断に苦しむほどで、

すれ違うときは僅かに異臭もあった。

精神的瑕疵《かし》物件ではなく、ゴミ屋敷だった訳だ。

「でも意外っていうか、綺麗な人だったらしいですよ。化粧とかは滅茶苦茶きっちりしてたって瞳ちゃんも驚いてて」

瞳さんは極々稀にゴミ置き場で前の住人と遭遇して、思わず笑ってしまったという。

「『パンパンのゴミ袋、ふたつばかり抱えてきても〝焼き石ミミズ〟でしょ』って。いやそこは焼石に水っしょ〜って言ったんすけど」

そして突然前の住人を見かけなくなった。

清掃業者が入ったのはそれから更に暫くしてからである。


引っ越して数か月経ったある日、井口君の勤めるお店に見かけないお客があった。馴染みのお客の連れだ。

馴染み客のほうは「部屋で怪現象が起きるんでしょ？　この子、凄い霊感持ちだから」と彼女を紹介してくれたが、井口君は「絡みにくそ〜」との印象を持った。

霊感があると不思議ちゃんになるのかな？　と彼は訝しむ。

無口で、気難しそうだった。ところが酒が入るとぐずぐずにキャラが崩れて一気にこちら側の住人になり、井口君は大いに気に入ってしまった。

「霊感があるんっすよねえ。俺んち、ペットボトルの幽霊が出るんすよ。捨てられたペットボトルの怨念」

「あるよ〜あるある。ペットボトル？　そんな気がしたぁ。あんた頭空っぽだもんねえ！　スッカスカだもん！」

言うね〜と井口君。いきなり悪口を言われて、流石の彼も何と切り返したものかと悩む。

「黙らないでよ！　あ、そうそう！　家の、流しの下見てみて！　なんかあるよ！　驚くから！」

「流し？　ないない。そこだけは何もない！　毎日見てるもん。俺、流しの下大好きだから。うちのはね、P字管なの。こう、スッとしてて膨らみがエロいの。ってP字管、知ってる？　見たことある？」

事実である。彼は流しの下の配管を見るのが何より好きだった。

「あんたが見てるのはキッチン！　あたしが言ってるのは！　脱衣場〜！」

脱衣場かぁ、と井口君は思い起こす。

引き戸に洗剤が入っている。その横だ。配管はあって勿論そこは引っ越して最初に改めていたのだが、塩ビS字管のカーブがグロテスクだったので顧みることはなかった。

「何もなくって、キモいS字管があるだけっすよ。そこになんかあるの？」

「わかんない！　何かあるけど、見えないの！　なんでかはわかんない！　でも女の子がいるよ！　その部屋」

「女の子？　何歳くらい？　十八より上？　下？」

「百歳くらいと思う！」

何それ、と井口君は笑った。百歳なのに女の子なのかと笑った訳だ。

「人間じゃないから！　人間だったことがないの！」

「う～ん、おけまる！　とりま帰ったら見てみる！　ありがとう～！」


「――で、帰って見てみた訳ですよ」

屈んで脱衣場の洗面台の下を開けると、そこにはペットボトルでできた城があった。

順を追って話そう。まず扉を開けた瞬間、内側に何か異物があるのに気付いた。ボトルを輪切りにして繋げたチェーンのようなものが扉の内側にぶら下がっていたのだ。うっすらと陰になった空間を、垂直や水平に切り取るペット樹脂の鈍い光。

井口君は目を見張る。

洗面台の下の空間にあったものは——城だ。

細めのボトルを立てた塔や外殻塔を並んで繋ぐ二リットルのボトルの城壁。

城に見えるとかではない。紛れもなくそれは中世の西洋の城を模したものに違いない。

それも、引っ越してきた当初には確かになかったものだ。

しかもペットボトルはラベルを剥がされ、ほぼ透明。そのせいで〝霊感持ち〟のお客にははっきり見えなかったのだろうか、と彼が見ていると——。

その奥で、何かが黒いものが動いているのに気付いた。

（——ゴ、ゴキブリ——？）

それまで腰を浮かせて硬直していた彼が、驚いて尻餅をつく。

一瞬ゴキブリと思ったそれは、角度を変えてみれば明らかに違う。

透明な樹脂越しに見えたそれは、小さな、真っ黒い人影だ。

着せ替え人形よりも一回りほど小さな人影が、ペットボトル城のパレスで踊っていた。

〈カカカカカカ〉

洗面台の中から、微《かす》かに、震えるような音が聞こえてきた。

それは、ステップが足下のボトルを打ち鳴らすようにも、笑い声のようにも聞こえた。

「それはすぐ後輩呼んで捨てさせましたけど……またいつかできるんじゃないかな」

もうひとつ、彼が瞳さんから聞いていたことがある。

瞳さんはこう語った。

『あの人、独り暮らしじゃなかったみたい。お子さんがいるのかな。たまに連れて歩いてるんだけど……なんだろ。その子、日本人じゃないの。……そうじゃないかも、なんていうか、難しいんだけど……』

彼女はそう、自分の言葉に納得できないように何度も首を捻り――『その子は人間じゃないような気がした』と語った。

更に〝霊感持ち〟のお客は、『その子は人間だったことがない』とも言っていた。

人間ではなく、人間だったこともない何者かを連れた前の住人は、部屋をゴミ溜めにしていなくなっていた。

「瞳ちゃんの話じゃ、前の人はいなくなったってことでしたけど」

未だに現れ続けるペットボトル。

いつの間にか作られていたペットボトルの城。

どちらも、井口君の生活パターンを間近で観察していなければ不可能だ。

「本当にいなくなったのかなって思うんですよ」

遊具はどこへ消えた

「公園デビューから随分経つけど……うちの子って少し乱暴なところがあるし、一人っ子で順番とか曖昧《あいまい》なんですよね」

映子さんは、公園でのトラブルに漠《ばく》たる不安を抱えていた。

「家じゃ何でも子供優先だから、ブランコの順番待ちとかできないの。幼稚園でもそれで泣いたとか、喧嘩したって。他の子に怪我でもさせたらと思うと……」

映子さんも決して我が子の聡一君を信じていない訳ではない。社会性はトラブルを経て育ってゆくものだということは彼女も重々承知している。ただそれも程度の問題だ。怪我させたとあっては大変だし、それが近所で起きたとなってはもう逃げ場もない。

親がそう思っても子供の暴れ回りたい欲求は溜まってゆく。

そこでなるべく人の少ない時間に近所の公園に行って、子供達が増えてくるなり帰るという作戦をとっていたのであるが。

「全然足りないみたい。だからもう、車で遠くの公園に行こうと思った訳です」

映子さんはネットの地図を駆使して手ごろな公園を探した。

公園はいくらでも見つかる。空いた土地の有効活用とばかりに公園はそこら中にある。しかしどうしたことか、そういう公園には子供向けの遊具がない。

無論、聡一君は遊具がないと厭がる。映子さんも独り占めさせてやるつもりで探した結果、郊外の自宅から更に三十キロも離れたところにある寂しい公園を選んだ。

天気の良い午前、映子さんは聡一君を連れてそこへ向かった。着いたそこは概《おおむ》ね希望通りの公園であったのだが、写真ではあれだけ並んでいた遊具がひとつもない。

彼女は公園を間違えたのかと思った。付近——といっても数キロの範囲には他にもいくつか公園があったから。

しかし何度見返しても間違っていない。息子はぐずり、母は途方に暮れてしまった。

そのとき、隅のベンチで弁当を食べていた営業マンらしき男が、見兼ねた様子で声をかけてきた。

その男に言っても仕方がないこととは知りつつ、「ネットで見たんですけど、ここに遊具はありませんでしたか」と聞いてみた。彼はよく来るのか、親切に教えてくれた。

「ああ、ありましたよ。去年まで。最近はメンテしないと色々うるさいっていうんで、撤去しちゃったみたいです。実際ここは年寄りが結構来てて、苦情とか多かったらしくって」

他に遊具のある公園はないかと訊ねてみたが、流石の営業マンもこれには首を捻った。

「う〜ん、実はこの辺りはどこも同じような感じみたいですよ。親水公園も去年、第二公園のほうも今年の頭に撤去しちゃったし。少子化ってとこにコロナで人出がなくなったってのはあるんでしょうが、大人の事情で子供の遊び場がどんどんなくなってる。由々しきことですよ」

まったくこういうことばかりフットワークが軽い、と彼は憤慨した。

映子さんも思ったことを全部言われてしまい、却って憤懣《ふんまん》やる方ない。聡一君は泣き始めた。

仕方がなく、映子さんは再びスマホで地図を開く。

そして別の公園を見つけた。正確には、既に見つけてはいたが何となく選ばなかった公園である。

「〇〇の森公園、みたいな。森に申し訳程度にくっついた小さな公園で」

こちらも車がなければ絶対にアクセスできないような場所だ。写真で見る限り芝は青々としていて、ひとつだけだが立派な複合遊具もある。

レビューでも駐車場が広いこと、静かなことが高評価であり、難点はトイレが汚いこと。

ただひとつ気になったのは、〝でます〟とだけ書かれたレビューが何件かあったことだ。

映子さんは祈るような気持ちで車を飛ばし、その公園を訪れたという。

「ありました、遊具。誰もいないし。聡一も喜んで」

勿論独り占めだ。

その公園にあった遊具は、滑り台とアスレチックを吊り橋で繋いだ複合遊具一基のみ。古い、櫓《やぐら》のようなシルエット。先の第一候補と比べるとだいぶグレードが下がる。

公園自体も県道からも奥まった、森というより谷間のような場所だ。不釣り合いに大きな駐車場とは、立派な生垣で区切られていた。

気にするような人目もない。聡一君は何度も何度も梯子《はしご》を上り、滑り台や階段を思うさま逆流し、昇り棒を上から降りて、何かに追われているのかと思うほど存分に走り回った。

昼を回り陽が傾くと、そこはすぐに日陰になり、暗くなった。

そろそろ帰ろうか、と呼びかけると聡一君は大人しくこちらへ走ってきた。

その途中、遊具のほうを振り返り――「またね」と言った。


翌週にはまた彼女は車を出すことになったという。

「一週間もしないうちに『また行きたい』って言い出して聞かなくって……」

そうして先週の寂れた公園に着いたのだが。

同じ公園のはずなのに、酷く暗かった。家を出たときは晴れていた空が、今はどんより
と分厚い雲に覆われている。
地形からして谷間だから――と車中から公園を見て、彼女は「あれ？」と思う。
生垣の向こう、例の遊具の上に子供が何人かいるのだ。
駐車場には他に車は一台もない。
もう一度見ると、子供達は皆、櫓の柵に頬杖をついて、揃ってこちらを眺めている。

何となく、ただならぬものを感じた。

「――ねえ、聡ちゃん。今日はやめにしない？　雨降るかもしれないし」

「降るまで遊ぶ」

「ブランコのあるとこがよくない？　ママとブランコしよう」

息子は「ここがいい」と言うが、彼女は車を降りるのも厭だった。

「ねえ、またにしよう？　今日は他の子もいるみたいだから。喧嘩になるといけないし」

「こないだもいたよ」

え？　と彼女は絶句した。この間は、この子ひとりだったはずだ。ひとつしかない滑り台をあんなに逆行していたじゃないか。

いいや、と彼女は思いなおす。『この間』とは、きっと幼稚園の帰りに寄った近所の公園のことを言っているのだろう。確かにあのときは大変だった。他の子の列に割り込んで、喧嘩になるところで――。

ガチャッと、車のドアが開いた。

聡一君が外に駆け出してゆく。

ドアロックしていたはずなのに――映子さんも我が子を追って公園に入る。

「また来たよ！　遊んで！」

聡一君はまた駆け回り始めた。他の子達も彼を受け入れてくれたようだ。

キャッキャッ、キャッキャキャッと声が響く。

(何だ、普通の子達じゃない……)

その様子を見ながら、映子さんはホッと胸を撫で下ろした。

子供達は他に四人。どうやってここに来たのか、親はどこにいるのか、疑問は山ほどあれどこうして遊んでいる分には怪しいこともない。

暫く子供達が走り回るのを見た後、映子さんは一度車に飲み物を取りに行った。水筒を取って戻ると、「ママも来て！」と声が迎える。

見ると子供が増えていた。

聡一君を入れて五人だったはずが、今は八人になっている。

映子さんは聡一君を呼び、水分補給のついでに聞いた。

「ねえ、あの子達どこから来たの？　聞いた？」

「聞いたよ。『近く』だって」

——なんだ、と彼女はホッとした。

地図で見た感じだと近隣に民家があるようには見えなかったけれど、育児施設があるのかもしれない。

でもそれなら保護監督者がいるのではないか？　やはり何かがおかしく思え、映子さんは遊具に歩み寄った。

すると、上部の鉄柵の間からこちらを見下ろす子と目が合う。小柄な女の子で、顔の両脇で鉄柵をしっかりと握っている。

さっきまではいなかった。増えた子だ。

「こんにちは。大人の人は来てないの？」と声を掛けたが、その子はプイと立ち上がって滑り台のほうへ走って行った。

あ――と映子さんはその場で見上げたまま、その子が去った後を見た。

その子が握り締めていた部分に目が行く。あの子が握っていた鉄の柵――そこが丁度、握っていた手の形にペンキが剥げ、錆《さ》びているではないか。

先週は気にならなかったけれど、こうしてみるとあちこち傷《いた》みが酷い。

一度気になってしまうと、遊具のそこかしこについつい目が行ってしまう。錆び、泥、土ぼこり。そうした汚れが、全部小さな紅葉《もみじ》型をしていた。

手形だ。

不吉な感じがした。思えばここへ来る前から厭な感じはあったのだ。

キャッキャッと響いてくる嬌声も、よく聞けば全て息子の声だ。他の子は、一声も発していない――。

――おかしい。この公園はおかしい。この子達は、何かがおかしい。

折しも、大粒の雨粒が頬を打った。彼女にとってはまたとない機会だ。

「ね！　帰ろう！　そろそろ帰ろう！　雨降ってきたし！」

「やだよ～。まだ帰らない」

頭上にまで迫る大きな木の葉が、ぽつぽつと揺れ始める。

「まだって！　今じゃなくていつ帰るの!?　雨降ってきたんだって！」

そういうと、聡一君は子供達のうちひとりを指差した。

「――順番」

順番？

「あの子とあの子と――そっちの子が帰ったら帰っていいって」

「順番なんていいの！　もう帰るんだって！」

普段と真逆のことを彼女は叫んでいた。

「もう、ママ帰るよ！　置いてく！　知らないから！」

やむなく、彼女は毅然と踵を返した。無理矢理帰るにはこれしかない。

不意に強まった雨の中、彼女は我が子から三メートル、四メートルと離れ、車へ向かう。

こうしたらもう振り返ってはいけない。心細くなって慌ててついてくるはずだ。

「待って、ママ！」

予想通り、慌てた声が背後から聞こえ、それはしかし――。

「ママ！　マ――ぎゃっ」

ギャッと、仔猫を踏んだような潰れた声になって、途切れた。

ドシャリとこれは聞き慣れた――子供の派手に転ぶ音。

振り返ると、聡一君が倒れていた。丁度、遊具と映子さんとの中間辺り。

自分で転んだのではない。

我が子の傍らに、他所の子が立ち尽くしている。手には棒。それもやけに長く、捻じれた黒い棒。鉄――絶対にその辺に落ちている木の枝ではないものだ。

――殴られた？

「聡ちゃん!!」

映子さんは叫んで、倒れた我が子に駆け寄る。

既にぐしゃぐしゃになった地面に倒れた息子は横向きで、蹲《うずくま》って自分の頭を庇《かば》う。

傍らに立った子供が、無表情のまま棒を振り上げる。

ほんの一瞬見えたそれは、怒りも、ためらいも、何の感情もない表情だった。

「やめてえええ！」

彼女は我が子を庇い、息子を覆って地面にひれ伏す。

バン！　と背中に衝撃が走った。

見ると、聡一君は頭から出血していた。流血が映子さんの手を濡らし、雨がそれを公園の土へと洗い流してゆく。

バン！　と再び殴打。息子を庇い片腕で抗うが、彼女の腕は何にも当たらなかった。

打たれながら、彼女は必死で聡一君を抱え上げ、振り返ることなく車へ走った。

「追って来るんじゃないかって気が気じゃなかったけど――多分、駐車場まで来たときはもう、誰もいなかった気がする」

彼女は少し離れた大きな病院に駆け込んだという。

「咄嗟に『遊具から落ちたんです』って嘘言ったんですけど、多分疑われてないんじゃないかなぁ。私も背中に痣《あざ》がいくつか……」

その頃になってようやく彼女も、自分の背中の痛みに気付く余裕ができた。棒で打たれたような長い痣が、今でも複数残っているのだそうだ。

「あちこちから遊具が撤去されて、集まってきちゃったのかなって思います。こんなこと、息子には言いませんが」

語り終えた彼女は、少し安堵して、ぽつりと語り落とした。

「――よかった。順番なんか守らなくて」

石の下

著者の友人である小田の、弟さんの話である。

「ケンジは子供の頃から〈敏感〉で、曰くがあるような場所に行ったりすると、すぐ体調を崩してたんだよな」

家族旅行でオートキャンプ場へ行けば、あっちの森が怖い、厭な臭いがする、などと言って泣く。日が暮れる頃には高熱を出し、一家は予定を変更して帰宅せざるを得なくなる。

「……で、そのときは中止になるんだけど。あとになって、そのキャンプ場で首吊り自殺があったって話を知ってさ」

ああ……。なるほど、と一家は納得する。

家族全員、そういった出来事に慣れっこになっていて、特に問題と感じるでもなく「この子はそういう子だ」と認識していたらしい。

日常生活に支障が出ることも屡々《しばしば》だったという。

近所で交通死亡事故があったりすると、最低でも一年間くらいは絶対にその道を通りたがらない。そのため、本来十五分程度の道のりである小学校への通学路に、倍近い時間をかけて迂回《うかい》したりしていた。

「とにかく年中そんなふうだから——学校とかでは色々、苦労してたみたいだね」

子供というのは残酷だ。

体調が悪いと訴えても〈また気を引こうとしているだけ〉だと疑ったり、〈仮病〉などと決めつけたりする。不調の原因がこの世のモノでないとなれば、尚更であろう。

「で、五年生の遠足のときだったかな。拍子の悪いことに、行き先がT町のお寺だったみたいでさ……」

※

遠足でお寺に行った、という話はあまり聞いた覚えがないのだが、ケンジ君の小学校ではわざわざバスに乗って、離れた町の古寺を訪れたのだという。

少し調べてみたところ、どうやらそこの本堂には重要文化財が収められているらしいので、それを見学に行ったのかもしれない。

寺の周囲には他に目ぼしい施設などはなく、精々裏手に広い河原があるくらい。

児童らは見学を終えた後、そこの河原で弁当を食べることになった。

ケンジ君は寺の中では特段不調を覚えなかったそうである。

急激に具合が悪くなったのは河原に降りてからで、眼前に転がる大小様々な丸石を見た途端、視界がグラグラと揺れ始めた。

すぐに気分が悪くなり、とても弁当を広げるどころではない。

――遠足という明るいムードの中、ひとり不調を訴えたりすると、また浮いてしまう。楽しいイベントに水を差す奴だと思われる。

ケンジ君は顔から血の気が引いてゆくのを感じながら、しかし懸命に平静を装おうとした。

「なあ、あっちで座ろうぜ！」

「先生、もうちょっと先に行ってもいい？」

「……ちょっとだけな。あの、大きい石のところまでだぞ」

「はーい！」

皆、思い思いの場所にシートを広げて座り始める。

ケンジ君も友達について適当な位置を選び、腰を下ろす。

が、河原の石に手が触れると、その腕にザザザザ、と沢山のムカデが這うような感覚が走った。ギョッとして確認すると、氷水に浸けたのかと思うくらい鳥肌が立っていた。

「小田も早くシート出せよ！　みんなのをくっつけようぜ！」

「う、うん……」

どうにかリュックサックを漁り、シートを敷いた。

そして昼食が始まったが、彼は皆に悟られないように食べているふりをし、結局粗方残した状態で早々に、弁当に蓋をした。

冷や汗が出てきた。

体感温度は低いのに、じわじわと服が濡れてゆく。

――ここまで高強度の不調が出るのは、生まれて初めてのことだ。

「こんなところにいたら死ぬ」とケンジ君は思った。

なんとか理由を付けて、河原から上がれないだろうか。

どうすれば――。


ゴツン。

すぐ近くで、石を打つ音がした。

揺れる頭を押さえながら振り向くと、昼食を終えた男子児童数人が各々手に石を持ち、適当にぶつけたり、積み上げたりする遊びを始めていた。

ゴツン。ゴツン。

何故かその音が、耳に障る。

水中で聞く音のように、鈍く籠もっている。

「…………」

ゴツンゴツンゴツン。ゴツンゴツンゴツン。

しゃがみ込んでいる誰かが、石を巧《たく》みに五段まで積んでいる。

あっちでも積んでいる。

こっちでも。

大小様々な石塔が。

灰色の河原に――。


あの子達はどうして全裸なのだろう。

いつの間に服を脱いだのか。

よく見れば半分くらいの子供は服を脱いでいる。

しかも、あんなに痩せて。


「おい、小田も一緒にやろうぜ。来いよ」

「…………」

「……小田？　お前、顔の色ヘンだぞ。大丈夫？」

ケンジ君は暫く黙って揺れていたが、やがて空っぽの胃袋から、ゲボッ、と胃液を吐き出し失神した。

※

このときもまた、あとになってからわかった話がある。

件の寺は地元の若者達に〈スポット〉として知られており、時には肝試しと称して、夜間に不法侵入されたりもしていたという。

「でも、ケンジは寺の中では普通だったみたいだから。本当は裏の川がスポットってことなんだろうな——実際、昔はその川で泳いでて亡くなった子供が、結構いたらしい」

当然ながら現在は川遊びも禁止されており、小学校の遠足に利用されることもなくなったようである。

ケンジ君が見た子供らは、小学生達と一緒に石を積んでいた。

それは所謂「賽《さい》の河原」の光景に酷似していることになる。

「あれって確か、親より先に死んだ子供が行くところなんだよな……？　それじゃやっぱり、あそこも、その河原のひとつってことなのかなぁ……」

飛び石

小谷さんが高校生の頃の話である。

彼女の実家は狭い市道に面する一軒家で、夜は車の音が気になり、落ち着かない暮らしだったという。

「両親は一階の真ん中にある部屋で寝てたから、全然平気だったみたいなんですけど——私の部屋は、二階の道路側だったので」

吹かしたエンジンの回転数が上がる音。

タイヤが路面に削られながら回る音。

ゴウッ、と風の塊が抜ける音。

それらがひと塊になって、姿のない獣のように夜道を走り抜ける。

「……家の周りには一応、ブロック塀とか生垣もあったんです。でも、二階には関係ないじゃないですか。見下ろす形ですけど窓ガラスの向こう側、直線距離でほんの十メートルくらいのところを走ってる訳で……」

いくつかの耳栓を試してみたが、その違和感に負け、結局外さなければ眠れない。

防音効果があるとされるカーテンに交換しても、さほど違いは感じられなかった。

両親に、あまり大袈裟に「車がうるさくて寝られない」と訴えるのも憚《はばか》られた。

当時はお祖母さんが肝炎を患って入院しており、その世話などで家の中全体が、疲れの溜まった雰囲気になっていたからだ。それに加えて自分まで神経質なことを言い始めると、両親の負担になるのは目に見えている。

黙ってリビングや客間に布団を持って行くことも考えたが、それはそれで当てつけがましい気がして、できればやりたくない。

結果――小谷さんは思案の末、苦肉の策として。

「押し入れに布団を敷く」という方法を採った。

最初は少しだけ怖かったそうである。

押し入れの上段を整え、そこで横になってみたところ想像以上に狭い。

天井が近いので圧迫感があるし、薄っすらとだがカビの臭いもする。

――が、恐る恐る襖《ふすま》を閉めてみて小谷さんは驚いた。

静かだった。

襖一枚でこんなに違うのか……。

聞こえて来るのは僅かな外気の振動だけで、それよりも自分の身じろぎで軋《きし》む木の音や、衣擦《きぬず》れの音のほうがよほど耳につく。

夏場なら到底耐えられなかっただろうが、幸いその頃は秋口で暑くも寒くもない。

こんなことならもっと早く押し入れに入ればよかったと、彼女は安堵の息を漏らしつつ、そのままぐっすり眠ったという。


さて、そんな生活を始めて数週間が過ぎた頃。

小谷さんは〈パチンッ！〉という、軽いものが弾ける音で目を覚ました。

電球が切れたときのような音だったが、襖の外は当然、真っ暗にしてある。

枕の横に置いた時計を見れば午前一時。

何だろうなと首を傾げつつも眠気には勝てず、彼女はまたすぐ夢に戻る。

しかしまた、〈……パチンッ！〉

気のせいではない。

流石に気になって身体を起こし、襖を開けた。

静まり返った自室の闇――。

「……飛び石？」

前の道路を走る車が小石を撥ねて、それがこの家まで飛来するということが、今までも何度かあった。

それが外壁に当たったときは〈コンッ〉と少し籠もった音になるが、窓ガラスに当たるとさっきのような、軽い響きになる。

窓が割れては困るが、よもやそんなに大きな石は弾かれないだろうし、立て続けに何度も飛んで来るものでもない。二回連続というのは初めてだ。

彼女は暫く様子を窺っていたが、もう大丈夫そうだなと思い、嘆息して襖を閉めた。

だがその夜以降、飛び石は毎晩のように飛来するようになる。

〈パキンッ！〉

「うわっ……！」

ガラスが割れたのではないかとビックリして、慌てて確認に行く。

カーテンをめくってみたところ、ヒビが入ったり、跡が残ったりはしていない。

やれやれ……、と押し入れに戻って眠りかけると、また。

〈パチンッ！〉

〈……パシッ！〉

「……やだもう、何で……？」

立て続けに、ふたつも三つも命中する。

今までにそんなことはなかったのだから、何か道路の状況が変わったとしか思えない。

——それとも、誰かが石を投げているのだろうか。

むしろそう考えたほうが納得がゆく。

単なる悪戯《いたずら》にしては時間が遅過ぎるし、ある種の執念深さを感じる以上、知らぬ間にどこかで恨みを買ったということか——。

「……怖い」

小谷さんはむくむくと膨れ上がる不安から身を隠すように、布団にくるまった。

※

〈……ピシッ！〉
〈パキン〉
〈パチッ！〉
夜の冷え込みが増し始めた、ある夜のこと。
三日と空けずに繰り返される異音のせいで、彼女はすっかり眠りが浅くなっていた。
鳴る日は、ひと晩に五回も六回も鳴る。なのでもう窓ガラスの確認にも行かない。
ただ押し入れの中で、じっと目を閉じて耐えている。
「…………」
――と、その内。
頬と耳を、冷たい風が撫でた。
棺桶にも似た押し入れ内の空気は、普段動かない。
寝不足の身体に言いようのない寒気を感じて、小谷さんはゆっくりと寝返りを打つ。

すると、そこに手があった。

しっかり閉めたはずの襖が握りこぶしひとつ分くらい開いており、彼女の枕元に向かって、腕が差し込まれている。

老人の手である。

痩せて節くれだった指がギュッ、と彼女の枕を掴んだ。

「――うわあッ！」

※

それから数日後の夕飯時に聞いた話である。

「夢にお祖父さんが出てきて怒っている」と、入院中のお祖母さんが言ったらしい。

小谷さんの両親は、長患いで気が弱くなってきたのかと心配な様子だったが――何故か彼女はそのとき、「あれはお祖父ちゃんの手だったのかもしれない」と思った。

仏壇のある客間のほうを見て、暫く箸を止めていたが、やがて「あっ」と声が出た。

彼女の部屋の押し入れが丁度、仏壇の真上に位置していることに気付いたからだ。

「……そんなことあるのかなぁって、自分自身、半信半疑ではありました。でも、押し入れで寝るのをやめたらピタッと、飛び石も飛んで来なくなって」

そこでようやく小谷さんは、音の原因が石ではなく、所謂「ラップ音」だったのかもしれない、と思い至ったそうである。

元の場所で眠るようになって、相変わらず市道の音は気になったが、それもあの軽い小石のような音がいつ鳴るかいつ鳴るかとイライラすることに比べれば大した話ではなく、以前よりスムーズに寝付けるようになった、とのこと。

「だからまあ、結果オーライって感じでしたね。あはっ」

小谷さんは懐かしそうに笑った。

吸う

鳥井さんの実家の話である。

「うちのお祖母ちゃん、軽い認知症になってからあんまり出歩かなくなっちゃって……」

家の近所で数回、迷子になってしまったことが響いているらしい。

元々それほど社交的なタイプではなかったそうだが、今は六畳和室の奥の間で、一日中テレビを見て過ごす日が多いという。

「デイサービスに行くのも嫌みたいで、すぐにキャンセルしちゃうんです。人と話をしたほうが良いってお医者さんにも言われてるんですけど、無理矢理引っ張り出す訳にもいかないし……。困ったなぁと思ってて」

家族がいる時間帯は皆がお祖母さんに積極的に話しかけたり、ちょっとした用事を頼んだりして、家庭内で孤立しないよう気を遣っている。

だが、朝から夕方までは鳥井さんも彼女の御両親も仕事に出ているため、家にはお祖母さんひとりになる。こればかりはどうしようもない。

誰とも会話せず、じっと部屋に籠もっているのかと思うと、やはり心配だった。

帰宅した際、廊下でお祖母さんに出くわすと、焦点の合わない目で見つめられることもあり――そこで「おかえり」ではなく「どちら様ですか」と言われそうな気がして、一瞬ヒヤリとすることもあった。

――そして更にもうひとつ、気がかりなことがあった。

認知症の傾向が出始めたのと同じ頃から、お祖母さんの部屋の様子が、おかしいのだ。

鳥井さんは夕飯の支度を手伝うのが日課であり、「ご飯だよ～！」とお祖母さんに声を掛けてダイニングに呼ぶのもまた、彼女の役だった。

何か月か前のこと、彼女がいつものように食卓を整えてから廊下に出ると、そこで小さな違和感を覚えた。

首を傾げながら奥の間の前まで行き、声を掛けようとしたところで、その理由に気付く。

柱時計の音が違う。

普段なら〈カッチ、コッチ、カッチ、コッチ〉とお祖母さんの部屋から聞こえて来るはずのリズムが、その日は〈……コ、コン。……コ、コン。……コ、コン〉と妙に遅い。

壊れたのかなと思いつつ、彼女は襖に手を掛けた。

「ご飯できたよ、お祖母ちゃん」

……返事はない。

代わりに僅かに、衣擦れの気配がする。

寝ているのかと思いながら襖を開けると、その瞬間柱時計が〈カッチ、コッチ、カッチ、コッチ〉と普通に鳴り出したので、鳥井さんは少し驚いた。

「……お祖母ちゃん？」

「……ああ。ありがとね」

低い座卓の前に座っていたお祖母さんがこちらに向き直って、数度頷《うなず》いた。それを見て、鳥井さんはまた首を傾げる――。

座卓に着いているときのお祖母さんが、そちらの方角――仏壇のある北側の壁のほうに向かっているのを見たのは、初めてのような気がしたからだ。

それからも屡々、お祖母さんの部屋の柱時計は「遅く」なった。

廊下に出た際に〈……コ、コン。……コ、コン。……コ、コン〉と聞こえてくると、鳥井さんは「あ、まただ」と思う。声を掛けて襖を開ければ、柱時計の音はすぐさま平常に戻り、お祖母さんが「はいはい、ありがとね」と返事をする。

そしてそんなときは必ず、お祖母さんは、仏壇に向かって座っている。

普段は襖のほうに向かって座っているし、時計のリズムも狂ってはいないので、このふたつの事象に関連性があることは間違いない。

……これはどういうことだろうか。

正直な気持ちを言えば、不思議というより不気味さを感じなくもない。

お祖母さん本人に直接確認する勇気も起きず、モヤモヤした思いを抱えながら、鳥井さんはそれに気付かないふりを続けていた。

だが。ある日の夕飯時のこと。

いつも通りに支度を終え、ダイニングから廊下に出ると、奥の間の襖が少しだけ開いているのが目に入った。

その隙間から〈……コ、コン。……コ、コン〉という、あのゼンマイが引っかかったような音が、これまでよりも大きく聞こえてくる。

「…………」

鳥井さんは何故か言葉を呑み込んでしまった。

代わりにそっと足音を消しながら、お祖母さんの部屋に近づく。

そうだ――半時間ほど前にお祖母さんはお手洗いに行っていた。戻った際、襖をきちんと閉めそこねたのだろう。

あそこから覗けば、何かがわかるかもしれない――。

スウ、と吸い込んだ息は奥の間から漏れてくる樟脳《しょうのう》と、線香の残り香の匂いがした。

彼女は襖の前まで行き、静かに隙間を覗き込んだ。

座卓に着いているお祖母さんは丁度「前へ倣《なら》え」をするように、二メートルほど離れた仏壇に向けて両手を突き出していた。

鳥井さんの口から「えっ」と小さな声が漏れた瞬間、誰も触れていない仏壇の、黒い観音開きの扉がパタンと閉じた。

すぐさまこちらに向き直ったお祖母さんの皺《しわ》だらけの顔は、大きな掃除機で吸われていた直後のように〈ブルンッ〉と弛《ゆる》み、揺れてから、普段通りに垂れ下がった。

虚《うつ》ろな視線と、目が合う。

鳥井さんは無意識の内に一歩後ずさりをした。

〈……コッ、コン！　コン、コン！〉と柱時計が苛立ったように数回鳴って、止まった。

無音。


「お、お祖母ちゃん……」

「……ああ、はいはい。どうもありがとね」

お祖母さんは頷き、何ごともなかったかのように笑うと、立ち上がった。

※

「――もう、部屋の前まで行くのは止めました。ダイニングから顔だけ廊下に出して、御飯だよーッ、て大声で呼ぶようにしてます」

この件は家族にも話していないし、当然、本人に深く訊ねるつもりもない。

できることならそう遠くない内に、老人介護施設に入所してもらったほうが良いのではないか、とも思っている。

「思うだけで、なかなか両親には言い出せないんですけどね……」

認知症の症状悪化が気になるというのもあるが。

一番の理由は、やはり――気味が悪いからだという。

姉ちゃんだけはまとも

「〝あの家〟でまともなのは姉ちゃんだけだって、皆言ってた訳」

布良《めら》さんの郷里の話だ。

彼は父の転勤に伴って、中学の間だけ郷里の学校に通った。郷里と言っても次男である父が早くに出た家で、布良さんにとっても故郷の実感は薄い。

その地は県境近くの、忘れられたような土地であったという。

「あんま言いたくないけどさ、あんなとこは早く出たほうがいいと思ったよ」

県境近くの町の一番外れ、その更に外れのような土地に一軒の家があった。

志方《しかた》というその家の当主は刑務所帰りである。何をして何年刑務所にいたのかちゃんとは知らないが、本人がそう言っているのだからそうなのだろう。

『俺はムショ帰り』

『俺のバックには国の弁護士が付いてる』

そういうことを吹聴して回る男だった。

恐らく定職に就いたことはない。運転免許も本当にあるのか確かめた者はいない。彼には妻子もあって、どうやって生活しているのかと余所者《よそもの》なら不思議に思うが、生業は主にアタリ屋や恐喝、そしてヒモだと地元の人間は知っている。

布良さんの祖母も被害者で、志方に車で轢《ひ》かれたことがある。尤《もっと》もそれは彼のシノギとは無関係の、単なる事故であったようだ。

『示談にしてくれ』と——知られている限り、それが志方が近隣住民に頭を下げたただ一度のことだった。示談金は一銭も支払われてはいないが。

彼の妻は近くの家から嫁入りしており、三児をもうけて当主の不在中も女手ひとつで育て上げた。

だが近所では淫売呼ばわりする者も多く、そのような風聞は除くとしても——少なくとも二度は検挙され、起訴を免《まぬが》れている。実家の年老いた両親があちこちを渡り歩いて金の工面をしていたというから、殆ど公然の秘密だ。

「その母ちゃんも結局は逃げちまった。あの志方の親父が刑務所から戻ってきてすぐに」

長男の大《だい》は少年院、次男の海二《かいじ》も暴走族に入ったきり、中学へは行っていない。

「末っ子の海二は、俺と同級だったんだよな。当時中一で、とても信じられなかったけど。学校には来てなかったから一度も会ってないし、出席でも呼ばれないで完全にいないものとして扱われてたけど――一番上の姉ちゃんだけはまともだって評判だったんだ」

彼女は波恵《なみえ》といった。

普段は『もう勘当した』と言って憚らない志方の家の祖父母であっても、波恵についてだけは『波恵ちゃんから学校だけは行かせてくれと頼まれてあたしらが高校行かせてやったんだ』と自慢していたそうだ。

あまり良い高校ではなかったそうだが、その中にあって大人しく真面目、良識もあって成績も出席も問題なしという優等生だった。

どうしてあの家にあんな子が生まれたのか、いやいや本当は貰いっ子で血の繋がりはないんだと、皆が恨み言のように噂した。布良さんの祖父母もそうだった。

「……年寄りが血筋で差別してる、みたいに聞こえるかもしれないけど、違うんだよ。皆ね、ただ残念で仕方がなくて、悔やんでるんだ。だってあの姉ちゃんが他所《よそ》の家——何もいい家じゃなくたって、普通の家に生まれてたら——そりゃ何だって本人の思うようになってた。塾だってアメリカの大学だって、どこにだって行ってたかもしれない」

実際はそうではなかった。どこに行ってもあの家の娘だと色眼鏡で見られただろうし、親兄弟がトラブルを起こせば話ができるのは彼女ひとり。

噂は、恨みでなく願望であった。

だからこそ「皆が」と言える。皆がその噂を信じていたのだ、と。


奇《く》しくも、一家が死に始めたのは同じ頃であろうと考えられる。

六月の終わり頃、少年院から出た長男が、その日のうちに仲間と車で事故死した。遠く離れた峠であった。

志方の祖父母は、縁を切ったと言いつつも酷く悲しみ、泣き崩れて足腰も立たなくなっていた。それに甲斐甲斐しく付き添う波恵さんの姿が目撃されている。

布良さんもその目撃者で、そのとき初めて波恵さんの姿を見たという。

「葬式のあとだったんだろうな、揃って歩いてたんだ。逃げた母ちゃんと行方《ゆくえ》知れずの弟はいなくって、お骨は親父が持って、その後ろに祖父ちゃんと婆ちゃんだ。その横に姉ちゃん。特別美人って訳じゃないけど、色白で痩せてたな。まぁ他が真っ黒に日焼けして太ってたからそう見えただけかもしれないけど」

波恵さんとは、その夏の終わりにもう一度会ったそうだ。

「そのときはなんか、雰囲気が違ったな。死人みたいな感じがした」

盆踊りの後の神社であった。

尤も彼女は不幸のあった後で、祭りになどは来ないはずだった。

彼女は浴衣姿でひとりきり、他の者とは別の方向――神社の裏山へと歩いて行った。

わかっているのはそれだけ。

秋が深まった頃、突然パトカーが見られるようになった。

行き先は殆どひとつしかない。志方家だ。

志方の親父が連れて行かれた、またか何かやったのか――と布良さんの祖父母は吐き捨てるように言ったが、その後別段逮捕された様子はなかった。

だが、学校で海二の死が知らされた。

詳細はまったくない。死んだことさえはっきりとは伝えられなかった。

「志方海二君が亡くなっていたようだ。とにかく学校にはもう来ない。まだ一年なのに残念だ。皆も悪い人間とは付き合わないように」

噂によれば、死体はだいぶ離れた海で見つかっていた。見つかったのは六月の初め頃の話で、暫く身元不明だった。まだ子供だ——まさかそんな遠くの子が、捜索願も出されないままとは思わなかったのだろうと考えると、身元の判明に時間がかかったのも頷ける。


「詳しいことは……ま、これも出どころのわからない噂なんだけど——」

布良さんは言葉を選ぶように語る。

「どうも海二も事件性がゼロって訳じゃなかったらしいんだ。溺死で、目立った外傷もなかったらしいんだけど、おかしな外傷はあった。何かはわからないけど、何かでぐるぐる巻きにされていたかもしれないって。あいつはずっと暴走族に出入りしてた。そのリンチじゃないかって言うんだが、リンチにしては——暴走族っぽくない。巻いていたのも鎖やロープ、ガムテの類の痕跡はなくって、海藻みたいなものかもしれないって」

漂う海藻が巻き付いて事故になるケースはある。しかしぐるぐる巻きになることがあるのかはわからない。

海二の死因が怪しいとなると、事故死した長男・大のほうも噂が途端に噴出してくる。

「兄貴のほうもな、事故死は事故死だけど、どうやら座席でぐるぐる巻きにされてた痕跡があるっていうんだ。拉致《らち》されてたのかっていうとそれも違う。救急隊が来たときにはもう縛られてなくって、痕跡だけ。縛っていたようなものもなくって、全員即死だったっていうんだから……」

少年院で退院間近の少年を縛ったりするはずもない。

その後間もなく、志方の父も亡くなった。

病死であったという。心労で持病が急速に進行したものと思われた。

『碌《ろく》に医者にもかかれねえから進行したんだろ』『刑務所のほうが長生きできた』――そう語る近隣の人々には、言い知れぬ安堵が見えた。総じて『あいつにしてはできた最期』という訳だ。

これにも裏があったのだろう。彼らが本当に言いたかったことは、死に不審はなく自業自得であること、つまり――『これで波恵ちゃんは自由になった』ということなのではなかったか。

「『憎まれっ子世に憚る』って皆覚悟はしてたろうから、因果応報みたいになってホッとしたんだろうな」


昨夏に続いた凶事はすっかりと鳴りを潜めていた。

残された波恵さんは祖父母の家には寄らずたったひとり、あの家に住んでいた。近隣が気にかけて何かと世話焼きに訪れては、あまりの変わりように目を見張った。

こんなに良い家だったのか、と。

志方父の存命中とは打って変わって、清潔で片付いていたという。悪趣味な木刀コレクション、所有者のわからない車両などは始末されていた。土ぼこりだらけだった窓や玄関の戸は磨かれ、訳のわからない落書きは布で覆われ、生垣は整えられ、数年ぶりに山茶花《さざんか》が咲いた。

年明け。この年彼女は高校三年生になる。

一月の中頃、布良さんはどんど焼きに参加して彼女を見た。

どんど焼きは神社に集まって正月飾りを焼く行事である。

「彼女は注目の的かと思ったけど、そうじゃなかった。逆に、皆意識して彼女に構わないようにしてた感じだな」

恐らく、春から彼女は親戚に引き取られ、この地を去ることがわかっていたからだ。ただひとり〝まとも〟だった彼女は晴れて自由の身——だが誰かが彼女を守ってやれた訳ではない。そういう後ろめたさなのか、それともなるべく後腐れなく見送ってやりたい心情か。どちらが勝っていたのかは知る由もない。

布良さんは、轟々《ごうごう》と燃え盛る火の傍に立って、照らし出される波恵さんを見た。無表情で、彼女はただボウッと火を見ていた。

かと思いきや、彼女はふと傍らの籠から何かを取り出し、炎に投げ入れていく。

布良さんは中学生ながら風習というか常識のようなものを思い出す——身内に不幸があったなら、新年に正月飾りなどしないのじゃないか、と。

事実、彼女が投げ入れているものは折れた木刀や皮の財布、引き出物、茶封筒などであって飾り物はひとつもない。

彼も何となく、見てはいられない気持ちになって視線をずらした。

そのときだ。

思いがけないものがひらりと火に踊った気がして、もう一度彼女を見た。

蠢《うごめ》く炎に照らされて、表情が掴み難い。

しかし彼女が手にしていたもの、それは。

——藁《わら》人形？

名前や顔写真は確認できない。

実物を見るのは初めてで、それもギョッとするほどの大きさがあった。

それは穴だらけで、ほつれきったボロボロの、しかし太った藁人形だ。

彼女はもうひとつ、藁人形を取り出した。

三つ目である。

それを火にくべて、散らばったカスも、何やら長く垂れた紐状のものも拾って残らず燃やし尽くし、彼女は去った。

去り際、彼女は布良さんに気付いた。表情を引き締めて微かにお辞儀をし、火の傍を離れた。

彼女を見たのは、それが最後である。

「俺が余所者だって知ってるから、気にしなかったのかな。いや、彼女にしたらどうでもよかったのかもしれない」

ただひとつ気になることを、誰も口にはしなかったのだそうだ。

これまで永らく傍若無人、地域やお上に迷惑をかけこそすれ顧みることなく、入院しても捕まってもしぶとく生きてきた彼ら一家が、たったひと夏の間に殆ど全滅してしまったという不自然だ。

彼は確信している。

波恵さんは、自分の家族を呪いきったのだと。

「――本当のところどうだったのかなんて、本人に聞いてみるしかない。けど俺はそう思ってる。多分他の人らもそう思ってる。言わないだけで」

彼も彼女も郷里には戻らず、東京で暮らしている。

「風の噂じゃ、こっちで結婚したらしい。もし、万一彼女にどこかで会ったとしても――聞かないよ、俺は」

どんど焼きで波恵さんが焼いた藁人形は、布良さんが最初に視界の端で捉えたものをひとつ目とすれば都合三つだったことになる。最低でも三つというべきか。

その最後の藁人形が投げ込まれるとき、空中でくるくると回ってほつれてしまったように見えた。藁から何かが長くほどけて紐状に垂れ、彼女はそれも丁寧に拾って、まとめて火に投げ込んだ。

布良さんの見た彼女は、その瞬間、今にも笑い出しそうなのを堪えていたという。

三つ目の藁人形――それは包帯でぐるぐる巻きにされたものだった。

上

とある都市型の量販店で働いていた金木君の話。

空いたビルを一棟借りして、彼の勤めるチェーン店が入った。最上階の五階まで大きめのフロアがドンとある物件である。

ここで問題は、二基あるエレベーターのうち片方のことだ。

「裏手にある一基をスタッフ用にして、搬入とかに使ってるんです。お化けが出るって噂があったのはそっちのほう」

朝晩、店員が一階からエレベーターに乗り込み、行き先ボタンを押す。

そのままドアに向かっていると、何故かエレベーターが動いていないことがあるのだ。

ボタンを見ると、押したはずのボタンが消灯している。こういうとき、エレベーターは自動音声で『行き先階ボタンを押してください』と喋るようになっている。だが、それが流れない。

代わりに背後から『上を押してください』としゃがれた声がする。

驚いて振り向くとそこに——というものだ。

「『上に行きたい幽霊』って感じですかね。まぁ、そんな噂を先輩から聞いてました。実際よくあったのかなぁ。他にも知ってる人は数人——全員に聞いた訳じゃないですけど」

こんなこと話すタイミングってあんまりなくないですか？　と彼は言う。

彼の場合、その機会はたまたま先輩とふたりだけでエレベーターに乗り合わせたときだった。

「先輩は三階で降りちゃったんで、僕はその話の続きがあるかどうかもよく知らなかったんですよ。でも続きを聞いて回るのもなんか恥ずかしくって。でも確かに、一階から乗ると動かないことがあるんですよ。気持ち悪いっていうか不安だなぁって」

そのうち、彼も一階からエレベーターに乗ることはなくなった。

スタッフ用のエレベーターが使えないのでは困るのではないかと思うが、実はそれほど困らないらしい。皆が警戒しているのは一階から上に行くときだけ。倉庫は五階にあってモノの移動は下向きが多いためだ。また大物や什器《じゅうき》を動かすのは店の閉まっている時間帯が多く、お客用のエレベーターが使える。営業中はコスメやシャンプーボトルを詰めた箱を降ろすくらいだ。

あるシフト後の深夜、金木君はふと「一階から乗ってみよう」と思い立った。

シフト明けである。同僚もまだ働いているから、何かあっても助けてはもらえる。

そう考えて彼は一階からエレベーターに乗った。肝試しというよりは、運試し。

五階のボタンを押す。店舗は四階までで五階は倉庫だ。

彼は噂を思い出し、ドア前ギリギリに立った。箱の中で背後にスペースを空けるようにだ。若干の期待というか確信めいたものがあったが、このときエレベーターは何の異状もなく却ってスムーズに動き出した。

(あれ……外れかあ)

実はごく最近、新しく変な話を聞いていた。五階の倉庫で、パタンパタンと何者かが飛び跳ねるような妙な音を聞いたというのだ。

収穫なく五階に着いてしまった彼はいささか落胆し、倉庫のフロアに降りた。そのままトンボ返りしてもよかったのに、降りたのはその話を聞いていたからかもしれない。

人感センサーが反応して蛍光灯がぽつぽつと灯る。倉庫内はいつも通り。

その一番奥に扉がある。他のフロアにはないドアで、そこから屋上に出ることができる。

彼は屋上に出たことがない。殆どの者がそうだったろう。

しかしこのときは何故か、屋上に出てみようという気になった。ドアは内側から施錠されているだけで出ることは容易だ。

落胆を誤魔化すように彼はそのドアを開け、ベランダに出た。外に鉄製の螺旋《らせん》階段があって、それを上がる。

そこが屋上だ。

照明がなくとも街明かりで充分明るいし、周囲から飛び込む車の音や人の声もある。所々には雑草まで生えていた。

あるのはポンプ、いつのものかわからない錆びた物干し台。そしてエアコンの室外機の並びに――ふと、妙なものが見えた。

(――犬小屋?)

木製で切妻《きりづま》屋根の、都会では却って見かけないタイプのものだ。しかも中型犬なら楽に入りそうな大きさ。

屋上に犬はいない。どうしてこんなところに犬小屋が放置されているのだろう。

犬小屋は排ガスのせいかかなり煤《すす》けている。勿論中にも犬はいなかった。

そのとき、ふと近くでジャリリと砂を踏む音がした。驚いて音のほうを見たが、そこには誰もいない。


「気のせいか、空耳かなって。それよりどうして屋上に犬小屋が放置されてるんだろうとは思ったんですが、多分以前のテナントか、大家の忘れ物ですよね。犬を飼ってた人がいたんでしょう」

屋上で？　とは彼も疑問に思ったそうだが、庭がなければ屋上で飼うこともあるかもしれないと彼は考えた。

それより、倉庫の階へ戻った彼は自分の手が煤で真っ黒になっているのに気付いて慌てて給湯室に駆け込んだそうだ。

「水で手を洗っても落ちなくって——石鹸使ってもなかなか」

ようやく手が綺麗になった彼は、再びエレベーターの前に戻った。誰かが乗ったのだろう、箱は一階に戻ってしまっていたので呼び出しボタンを押してエレベーターを呼んだ。

やってきた箱に乗り込み、一階のボタンを押した彼の手が、止まった。

あれ――？　と見ると、オレンジ色に点灯した一階の表示ランプが、酷く汚れている。

真っ黒な指の跡だ。思わず自分の手を見たが、もう煤は付いていていない。

ドアが閉まった。

背中のほうから、妙な音がした。低く、唸るような呼吸の漏れである。

誰かがいる。

やってきたエレベーターは確かに空だった。自分以外の人間が乗っているはずはない。

彼が恐る恐る振り返ると――そこに、スウェット姿の老人がいた。

老人は、上半身をロープのようなものでぐるぐるに縛り上げられていて、両手を腰の前で交差させ、突き出している。

その、右手かも左手かもわからない人差し指が一本だけニュッと突き出されていて、その指先は真っ黒に煤けていた。

（いたんだ、屋上に）

エレベーターは動き出す。

金木君は慌ててボタンを全部押し、ようやく止まった階で箱から転げ出た。

振り返ると、ドアはなかなか閉まらず――箱の中から、老人が上目遣いにこちらを睨んでいた。

金木君はその後、少しして辞めてしまった。

「あの噂には続きがあったみたいなんですよね」

一階から乗るエレベーターで、背後に誰かが立っている――それが『上に向かう幽霊』のキモだったはずだ。

だがもし、背後から『上を押してください』としゃがれた声がしたとき――。

「言われたまま、上を押した奴がいたとしたら……いえ、いつ誰がとかはわかんないんですけど。そしたらもうお化けは一階にはいなかったんじゃないかなぁ」

老人はどこにいたのか？

エレベーターで行けるのは五階まで。ならばあの倉庫にいたのだろうか。

「屋上じゃないですかね。僕にくっついて降りてきたんでしょう。よくわかりませんが」

よくわからないと言いつつ、一連の体験について彼はそれなりに納得しているようだ。

筆者もひとつ、思い出したことがある。とある病院のエレベーターに纏《まつ》わる怪談で似たものがあるのだ。その話では何者かによってエレベーターのボタンが出鱈目に押されているのだが、それはある事情で目が見えなくなった患者の霊の仕業と言われている。

老人は両手を低い位置で縛られていたため、エレベーターの呼び出しボタンや〝5〟のボタンを自分では押せなかったのだろう。しかし低い位置にある〝1〟のボタンを押すことはできたようだ。

そのことを話すと、金木君は少しおどけたように笑った。

「でも、お化けにそういう理屈みたいなのって通じるんですかね。そもそも階段使えばいいのに。それにせっかく上に行ったのに降りてくるのもよくわからないですよ」

勿論お化けに理屈は無用だが、通じる理屈があるといえば、ある。

「ならあの爺さんはきっと――あっ、やめときます。こう、変に嚙み合っちゃうといちいち確かめたくなっちゃうじゃないですか」

金木君が屋上で犬小屋を見たとき、老人もその場にいたのだ。

そして金木君と共にまた下に向かったのだとしたら、その理由はひとつ。自分の犬がもう屋上にいないと知って、老人はどこかへ行ったのだろう。

コの字

「復讐されると怖いから、場所だけじゃなくて、職種とかも伏せてもらえますか」

桂木君は不安そうな顔で、何度もそんなふうに念を押した。

身元がバレる心配はないと落ち着かせるのに小一時間を要した。

「とにかく仮眠室がある、大きな工場、ってことでお願いします。……僕はそこで半年くらい働いたんですけど」

初日から「職場選びを間違えた」のがわかったという。

仕事内容の説明を受けている最中——工場の隅で、若い工員が上長に殴られているのを目撃したからである。

「それも頭をパーンとかって感じじゃなくて、壁に押しつけて腹とか胸とかを殴ってるんです。僕、流石にドン引きしちゃって……」

吠えるような罵声が場内に響いていた。

すぐにでも逃げようかと思ったそうだが、そこの日給の良さを思い出し躊躇《ちゅうちょ》した。

旅行鞄ふたつほどながら、寮へ荷物も運びこんでしまっている。

別に一生働くつもりで入った訳でもない。自分も殴られるようならそのときに、こっそりバックれてしまえばいい。

彼はそんなふうに自分に言い聞かせ、工場での生活をスタートさせた。


いざ就業すると、週に一日か二日は寮に帰れない日があった。

それと言うのもシフトの組み方が滅茶苦茶で、八時間働いて四時間休み、また八時間働いてその後二十四時間休み、などという変則的な時間で働かされる。どうやら欠員を埋める役にされてしまったらしい。

初めの頃こそ一週間分の予定表を見て、ああ今週は夜勤が何回ある、などと憂鬱になっていたが、一か月も経つ頃には「次の作業開始時間」くらいしか意識できなくなった。

二日も三日も先のことを考える余裕がない。

作業に手間取ると、その分労働時間は延び、残業代が付いているのかどうかもよくわからない。そして先輩や上長からは、噛みつかれそうな勢いで怒鳴られる。

改めて言うまでもないが、完全にブラックと呼ばれる類の労働環境である。

「……なんか、色々な説明はされたんですよね。これこれこうだから法律には触れてないとか、逆に指示に従わなかったら損害賠償を請求するとか……。で、もうコレは話を聞いてもムダだなって言うか、こっちが何を言っても言いくるめられる奴だなと思ったんで――ハイハイわかりました、やります、って感じでした」

就労環境の監視は昔より厳しくなっているはずなのだが、やはり未だにそのような職場が日本のあちこちに、まるで静かな癌のように、ひっそりと存在しているのだろう。

いずれにせよ寮に帰って寝る時間がない、あるいは帰る気力まで使い果たしてしまった工員は、工場内の仮眠室で休憩を取ることになる。


仮眠室には六つのベッドがあった。

敷地に余裕があるためか、二段ベッドではなかったという。流し台やテーブル、ウォーターサーバーなども置かれた広い部屋で、寝床と寝床の間隔も充分に取られていた。

桂木君がよく使っていたのは入って右奥のベッドだった。そこが一番窓から遠く、昼間であっても眠りやすかった。

カーテンの隙間から差す陽の光を気にしなくて済むからだ。

――が、それは他にも仮眠中の者がいるときに限られた。

部屋にひとりきりの場合、彼はむしろそのベッドを避けた。

犬が出るからである。


日勤が終わり、四時間だけ休憩を取ることになったとする。

寮に帰るのも面倒なので、深く考えることもなく右奥のベッドでゴロンと横になる。

すっかり生活リズムが崩れてしまい、慢性的に寝不足気味の桂木君は、ほどなくスウゥッ、と眠りに落ちる。

すると、やがて――。

〈カッチャカッチャカッチャ……。カッチャカッチャカッチャ……〉

フロアタイルの床を、固く軽いもので叩く音がする。

それは明らかに、大型犬の爪が立てる足音である。

うわっ出た、しまった――と思ったときにはもう遅い。

ムワッと動物の体臭まで漂って来て、その生臭く不衛生な臭気に、吐き気すら覚える。

あっち行ってくれ、傍に来ないでくれ……。

頼む頼む頼む……。

〈カッチャカッチャカッチャ……。カッチャカッチャカッチャ……〉

足音は無遠慮に彼のベッドへと近寄り、その周囲を、一定の速度で回り始める。

右側から足下へ。左側へ。頭の上へ——そしてまた、右側へ。

桂木君は固く目を閉じ、その犬を絶対に見てはいけないと思いながら震えている。

身体のどこかにガブリと噛みつかれはしないかと、怯えている。

怖い怖い、嫌だ、嫌だ……。

許して。許して——。


「僕、別に犬が怖いとか思ったことなんて一度もなかったんです。今になって考えても、あの足音がどうしてあんなにイヤだったのか、ホントに謎で」

——金縛り中には、恐怖の感情が増幅されると聞く。

何者かに身体の周りをぐるぐる回られる、というのも非常に典型的なパターンだ。

常識的な判断をさせてもらうなら、やはり疲労の蓄積が原因に思えるが。

「……いえ、僕、金縛りにはなってないです。犬が回ってるときも身体は動かせたから、何回か辛抱できなくなって、ウワーッて叫んで逃げ出したこともありました」

なるほど。

しかし、実際には犬はいなかったと。

「そうですね……。当たり前ですけど、工場の中に犬は入れないですし。仮眠室のドアも閉まってますから。……そもそも、置いてあるベッドは頭が壁にくっついてますから、コの字に行ったり来たりするならわかるんですけど――ぐるっと一周なんてできるはずないんですよね」

桂木君がその職場の退職を決意したのは、上長に殴られたからではない。

機械の使用順を巡って先輩同士が喧嘩になり、お互いの腕に噛みつき合っているのを見たからである。

こんなところにいたら、自分までおかしくなると思った。

勇気を出して退職したい旨を伝えると、上長は案の定激昂し、彼を仮眠室の横の物置に押し込んで「反省しろ！」と怒鳴った。

――そこで彼は、半ば絶望しながら一時間ばかり座り込んでいたというが。

整理棚やら段ボールやらが雑然と置かれたその縦長の部屋の、奥のほうを見て、クッと息を呑んだ。

床の埃が一部分だけ、うっすらと筋状に荒らされていた。

顔を上げ、壁を見て、その向こうに自分のよく使うベッドがあることを察する。

「………」

彼はそのまま物置の窓を開け、寮に逃げ帰って荷物を持ち、脱走したそうである。

「要は、あの犬、壁を貫通してぐるぐる回ってたんだと思います。物置の床にははっきりと、爪の付いた足跡が残ってたんです」

ねじ式

「運命の出会いだと思ったから。どうしても消さないといけなかったんだ、タトゥー……」

サチさんはどうしても結婚したかったのだという。

問題はタトゥーだ。サチさんはそれまで付き合った彼氏の名前を彫っており、それが婚約者の父の逆鱗に触れた。

――子育てはどうする。ガイジンの男の名前を背負って、家庭に入れると思ってるのか。

お相手の父の言葉はどうしたって刺々しく聞こえた。

結婚の条件はタトゥーを消すこと。そのために彼女が選んだ方法は外科手術による皮膚の切除だ。

費用面では婚約者の助けもあって、一刻も早く全身の――少なくとも目立つところの彫り物は消したいと彼女は焦った。焦って、聞く限り随分な無理をしたように思うが、手術自体は恙《つつが》なく成功したという。

ところが、手術の日から間もないうちに妙なものが見え始めた。

夜道でも昼真っ盛りの人混みの中でも、おかしな男がいるのだ。

上半身裸のスキンヘッド、彫りの深い色白の巨漢である。

巨漢であるからどうしたって目立つ。なのに、周囲の人は誰も男を気にしていない。

男は、フラフラしていた。

男は明らかにこちらの視線に気付いているようだが、近寄ってくるでもない。遠ざかっているのでもない。

酔っ払いのような千鳥足。今にも誰かにぶつかりそうなのに、器用に避けているのかぶつかることはない。

それが度々彼女の前に現れるようになった。

「身体はこっちに向けているのに、右や左に……フラフラ〜、フラフラ〜って」

何度かは逃げ出したそうだが。

「逃げると、凄い勢いで追ってくるの。でも近寄っては来ない。遠巻きに、フラフラ～って見てるだけ」

彼女は、男がこの世のものではない、少なくともそこに存在する人物ではないのではないかと思った。

「一度に何か所も切ったでしょ。だから譫妄《せんもう》？　なんじゃないかって言われたんだけど」


ある日、フィアンセからメールが届いた。

『あれがブラッド？　アンディ？　もう切れたって言ってただろ』

意味がわからなかった。どちらもかつての彼氏の名だが、ブラッドは国に帰ったしアンディは留学時代の話だ。

何のことか訊ねると、怒気の籠もった返事が届いた。

『とぼけるな。今日お前の部屋に入ってくの見たぞ。もう連絡してくるな』

サチさんはとにかくどちらも日本にいないことを説明し、隣の部屋と見間違えたか、集金か何かだと言い募った。

少し経って婚約者から、『これのどこが集金?』と返事が来た。

写真が添付されていた。

そこに写っていたのは、あのスキンヘッドの巨漢だ。確かに日本人には見えない。

写真は少し離れた向かいの道路から。二階の外廊下、柵越しに男の後ろ姿が確認できる。

立っているのは確かに自分の部屋のドアの前で――ドアノブに手をかけていた。

婚約者からのメールには『部屋に入ってくのを見た』とあった。

「――滅茶苦茶叫んだ。誤解も解かなきゃだけど、まず逃げないとって思って……」

まだ家の中にいるかもしれない――と、彼女は部屋から飛び出した。

ドアを出ればそこはアパートの二階外廊下だ。外廊下の柵にしがみつき、咄嗟に周囲を確認する。

と――見下ろしたすぐ下、路上にあの巨漢がいた。

二階から見下ろしているはずなのに、あまりに巨体過ぎるのかすぐ近くに顔が見えてしまう。これまでで最も近い。白濁した眼がぎょろりと上を向いて、口元は弛緩していた。

近い、それにしたって近い。

しかし何より、そのスキンヘッドだ。

頭頂部が、後部にかけてぱっくりと裂けているのだ。

まるで斧か何かでたたき割ったようであったが――それは一発ではなかった。

斧であったとするなら、背後から一撃。しかしそれでは仕留められなかったのだろう。角度を変えて更に横からもう一度凶器が振り下ろされた。

その結果、頭に大きな十字ができた。ふたつの裂傷が重なり、十字に口を開けていた。

まるで大きな丸ネジのようだった。


「多分、仲間だと思われたんだって、あとで気付いた。だって――私にも似たような傷があるから」

彼女の手術は十字切開だった。この方法では、皮膚を縦横に切り裂いて除去し、各方向から引き合わせて縫合する。すると十字の傷になるのだ。その跡が消えないリスクもゼロではなく、勿論彼女はそれも同意の上だった。

彼女の場合は腕と背中、四か所に大きな十字の傷が残っていた。

婚約は取り消されたそうである。するとどういう訳か、男の現れる頻度も減った。

だが彼女によれば、謎の巨漢との繋がりは完全には消えていないのだそうだ。

「どれもちゃんと治り切らなくて……残ってるんだ。ほら、左腕のこと、肩口のとこ。ファンデで隠してるけど」


最近、彼女はホームセンターで薪割り用の鉈《なた》を買った。今も玄関の靴箱の奥に常備してある。更に知人を通じて手に入れたメス。

彼女はただ祈っているばかりではなかった。

「もし次現れたら、あいつの頭に鉈を振り下ろしてやるつもり。それでもう、傷の形が変われば仲間だって思われなくて済む。でも相手は人間じゃないからダメかもね。そしたらメスで、自分の傷のほうをやっちゃえばいい」

あの男の頭か、それとも自分の肌か――そのどちらかの傷の形を、彼女は変えてしまうかもしれない。

いつかはわからない。しかし少なくとも彼女はそのつもりだ。

一刻も早く彼女の傷が癒えることを祈る。

ト

「いやぁ、もう随分前のことだけどな」

高垣さんが話してくれたのは、家から少し離れたところにある公園でのことだ。大きな公園である。

彼は早朝暗いうちに家を出、公園へ向かう。きりきりと歩いて着く頃には薄暗くなっている。時期にもよるが、明るくなるまでは公園を散歩するのだそうだ。そうして帰って食べる朝食は格別においしい。

「そんで、その公園の遊歩道の脇っちょに、貧弱な木が生えててさ。種類は――エノキか何かなんだろうが、アレは」

疎《まば》らな植え込みの中の一本。細い幹をまっすぐに伸ばした「真面目な木」だったという。

「それが道の横っちょから枝をよ、こう、長く、元気よく突き出してたんだよ」

ト

高垣さんは腕を水平よりやや高めにニュッと伸ばして見せた。

「俺なんかは背小せえから別段邪魔とも思わねえんだけど、微妙なとこなんだろうね。まぁ……丁度いいってこともあったんだろうさ」

ある朝、彼は公園入り口の駐車場に一台の軽自動車が停まっているのに気付いた。

それほど珍しいことではなかったが、ナンバーが遠くの市であったこともあって、何となく胸騒ぎがしたのだそうだ。

「草むらやら死角が多いからな。大半は金のない若いカップルが物陰でこっそり……って奴だよ。でもその車はあんまり若いカップルって感じじゃなかったからさ」

そして彼は、例の枝にぶら下がる人影に出くわした。

首吊りである。

聴取のあと、彼は家に帰って味のしない朝食を少しだけ摂った。

死んでいたのは小柄な女性だった。教師だと後から知ったという。

「そのあと、暫くしてからだよ。朝公園に行ったら、パトカーが来てる。まさかと思ったらまた首吊りだ。同じ枝だよ」

見覚えのある警官がいたので、高垣さんは「またかい」と声をかけた。

今度は、たいぶ小柄な初老の男だ。初老といっても高垣さんよりまだ若い。わざわざ台を使ってあの枝で首を吊ったらしい。

こういうのは一度あると続くんですよねぇ、どこかで噂になってなきゃいいんですけど、と警官は顔を顰めた。

「それから一年くらい空いて、また首吊りだ。今度は聞いただけだが、それでも弱っちまったよ」

あるとき、その枝がばっさりと打たれた。

張り出した、丁度いい高さの横枝がなくなった訳だ。これで自殺もなくなるだろうと高垣さんは思った。

「だがそうもいかなかったんだ。同じ木で、それから首吊りが二件続いた。マジでどうしちまったんだろうってね」

あの枝はもうねえのに――と彼は薄明かりの中、その木を見る。

打たれた枝の根本辺りが二十センチほど幹から突き出していて、そこにロープを引っかけて首を吊ったらしい。

どうしてここばっかりなんだろう、この木の何がそんなに良いのだろう、と高垣さんは首を傾げつつ、ついついその木を気にしてしまうのだ。

通りがかりの巡査に「気を付けたほうがいいですよ」と言われても何に気を付けたらいいのかわからない。

恐らく巡査の言わんとしたことは、『こうしたことは人を喚《よ》ぶから――』ということなのだろう。

それでも通い続けたことについては、彼自身振り返って不思議に思う。

「俺も意地になってたんだろうね。道順を変えるとか、そんなこた考えなかった」

そして枝が打たれて三件目の首吊りのあと、その木に変化が起きた。

張り出していた枝の残りの部分だ。その変化に気付いて、高垣さんは目を疑うのと同時に、異様に悲しくなった。

枝の残りが僅かな間にぐったりと垂れ下がっていたのだ。

それは丁度、〝ト〟の字だ。

ト

「木だってやりきれねえよな。自分の枝で何人も何人も首括《くく》りやがるんだもん。ガッカリしちまったんだろうよ」

まるでそれは、木の枝が自分で吊った命の重みに耐えかねたよう――高垣さんにはそう思えた。


翌月、その木は根元の辺りからばっさりと切り倒されていた。

残るは大して太くもない、両手で一握りあまりの貧弱な切り株のみ。

これでもう首吊りはない――その安堵はあれど、残った切り株はまるで公開処刑の跡のようで、凄惨ささえ思わせた。

途切れがちになっていた高垣さんの日課も再開した。

雨が降っていても彼は散歩に出た。

「カミさんは『何もこんな日に行かなくても……』って呆れてたがな」

それでも彼には気になるものがあったのだ。

「切り株のな、横っちょから細い芽が伸びてたんだよ。こう、ひょいひょいっとな。それが気になって気になって」

その日も雨だった。

ちりちりと小雨の降る中、彼はいつもの散歩コースを歩く。

両側が木立だから見通しはよくない。大きなカーブを曲がって、例の木の跡地、あるいは新たな木の芽吹く場所に差し掛かった。

そこで、高垣さんは足を止めた。

――誰かがいる。

散歩中にすれ違う人は他にもいた。だがそうした常連ほどこの道は避ける。それがよりによってあの木の傍に、だ。

思わず彼は身を潜めた。水たまりを跳ねないよう足音を殺し、木立に身を隠すようにしてゆっくりと覗き込む。

あの木のあった場所に、数人の男女が立っている。

〝その場所〟を取り囲むようにだ。

ト

ここからは全員顔は見えない。見えるのは後ろ姿、うなだれたような背中のみ。それでもそのうち三人には、どことなく見覚えがある。忘れようにも忘れられない、あの女教師と小柄な男、そして学生風の若者のように見えた。

——馬鹿な。

彼らの取り囲む場所は切り株。そして脇からは若木が育ちつつあるはずだった。

しかし、そのときそこに生えていたのは、一本の腕に見えた。

腕は真っ白で、掌を上に向けて虚空を掴むように指を折り曲げている。

——こんなこた、あり得ねえ。

死者には無念があるだろう。ならば化けて出ることもあるかもしれない。しかし腕が地面から生えるか？　生えていた木が、腕になどなるか？

恐怖より何より、高垣さんには認めたくない気持ちが勝った。それが腕などではないことを確かめようと、雨具のフードを持ち上げて目を凝らす。

すると。

その腕が動いた。

素早く掌の向きを変えて——まっすぐに、こちらを指差す。

手だ。腕だ。紛れもなくあれは。

それと同時に気付く。その木を取り囲んでいた者達が、全員こちらを向いていた。

――気付かれた。

高垣さんはその場で翻《ひるがえ》り、元来た道を全力で逃げた。

「一目でわかった。全員首括って死んでるってよ。俺は何人かは、奴らの死に顔見てるんだから間違えようがねえよ」

縊死《いし》すると鬱血で膨れ、人相は変わることが多いと聞くが、それでも見覚えがあったのだろうか？

「いや、だから――死んでたときの顔のまんまなんだよ」

その場所には、二度と近づくつもりはないという。

雨

森さんは、地方銀行に勤める三十代。

その職場の後輩に、横澤さんという女性がいる。

「五つ下の、新卒で入って来た子で。ちょっと気の弱いところがあるのに、凄く真面目だから、いつも損な役回りをさせられちゃってて……」

上司だけでなく同僚からも、「これ、やっといて」などと仕事を頼まれてしまう。

彼女は彼女で自分の仕事を抱えているので、余計な作業が増えるとその分、休憩時間を削らざるを得ない。

「銀行の仕事ってよくできてて、きっちりフルに働かないと終わらないいんですよ。なのにみんな平気で、彼女にどんどん押しつけちゃうから」

始めは波風を立てないようにと堪えていた森さんも、我慢がならなくなってきた。

そしてある日、「私それ手伝うよ」と横澤さんに声を掛けた。

――すると彼女は、森さんを見上げて泣き出したという。

「……可哀相ですよね。ホントはずっと困ってたんだけど、断れなかったみたいで」

同僚達は実に気まずそうな顔をしながら、各々忙しいふりを続けていた。

自分達も入行してすぐの頃は、右も左もわからぬまま、嫌な思いをさせられてきたはずなのだ。それを思い出したのだろう――。

己がされて嫌だったことを、わざわざ若い新入行員に繰り返すというのは、意趣返しにもならぬただの悪趣味でしかない。

その日以降、新人は自由にこき使って良い、という職場の風潮は廃《すた》れた。

横澤さんに無理な頼みをする者はいなくなって――彼女は森さんを頼りにし、森さんもまた、横澤さんの面倒を積極的に見るようになった。

※

秋口の、とある終業後のことである。

彼女らはふたりとも自転車で通勤しており、「お疲れさま」の挨拶は自転車置き場でするのが常であったのだが、その日は森さんが声を掛けても返事が返ってこない。

おや、と思って横澤さんを見れば、何か深刻な面持ちで自転車のキーを握り締めている。

「……どうしたの？　何か心配事？」

そういえばここ数日、いつもより表情が暗かったなと森さんは思う。

何か困りごとでもあるのだろうか。

それほど仕事が立て込む時期でもないのだが。

「……森さん、少しお時間頂いてもいいですか」

その横澤さんの声の調子から、ああ、どうやらプライベートな問題なのだなと察した。


職場近くの喫茶店で話を聞いた。

何週間か前、横澤さんは実家を出てマンション暮らしを始めたのだという。

住所を聞くと、銀行のすぐ近く。自転車で五分ほどの距離。

「そうなんだ、知らなかったな」

「すみません……。わざわざお知らせするのも、なんか変な気がして」

家賃手当はさほど多く出ないのだが、それよりも通勤時間が短くて済むことと、念願のひとり暮らしができるというのが大きな理由だった。

横澤さんは大学にも実家から通っていたそうで、小さなマンションを借りることに憧れがあったらしい。

「でもちょっと、困ってて。部屋は気に入ってるんですけど、ちょっと——」

通りを挟んだ向かいのビルが、怖い。

カーテンが開けられない。


——引っ越してすぐの、夜。

部屋からはどんな夜景が見えるのだろうと思い、彼女はベランダに出た。

市街地にあるマンションの六階。今までこんな高さに住んだことはない。

思いのほか強い夜風を浴びながら最初に感じたことは、無機質さだった。

当然と言えば当然である。

平地にそんなに高い自然物はない。

パッと見渡したときに見えるのは全て直線で構成された、ビル、マンション、そして看板。

人間は自分達の周りを、こんなにも人工物で埋め尽くしているのだなと今更のように感じつつ、ふと正面に目をやると――。

向かいにあるビルの四角い窓の中に、首を括った男の姿が見えた。

横澤さんはギョッとして後ずさり、口元を押さえる。

嘘だ。まさか。

アドレナリンが駆け巡り、一気に心臓が暴れ出す。息が苦しい。

彼女は逃げるように部屋へ戻って、カーテンを閉めた。

呼吸を落ち着けて冷静になるまで、五分くらいはかかったという。

「…………」

放っておく訳にはゆかない。警察に電話しなくては。

スマホを取り、緊急通報を押そうとして――警察に、それは向かいのビルの何階ですかと訊かれると思った。先に確認しておかないと。

ぶるぶる震える手で再びカーテンをめくり、ベランダに出て、向かいのビルを見た。

――するとさっきの窓に、もう首吊りの姿はなかった。

それが見間違いなどではなかったことは、彼女自身が一番よく知っている。

緑色の非常灯だけが灯った暗い窓の中に、確かに、背広の男が吊られていた。

何の会社なのかはわからないが、オフィスフロアのように見える。

ずらりとデスクが並び、壁際には書類棚。

イヤだ、恐ろしい。

自分は何か、見てはいけないものを見てしまったのでは。

「……毎日、ではないんですけど。それからも時々、恐る恐る覗いてみたら、同じものが見えることがあって」

今では一日中、カーテンを閉めっぱなしにしてあるのだと横澤さんは言った。

※

森さんは「どうしても怖かったら、悩むより引っ越したほうがいい」とアドバイスし、併せて翌日、同僚の男性らに、件のビルについて何か知らないか訊ねてみた。

外回りの銀行員達は耳ざとい。

直接取引のない会社であっても、町の中にある事業所についてなら、噂話程度のことは知っている。

案の定、何人かの同僚が「ああ、○○商事ね。首吊りがあったところだろ」と答えた。

どうやら十年近く前、上司から理不尽に責められた挙句、職場で首を括ってしまった社員がいたらしい。

「気の毒になぁ。俺ならトイレで死ぬなんて、絶対御免だよ」

「……トイレで？」

「うん。こう、ネクタイを輪にしてね――トイレの個室のドアの角に引っかけて、ガーンと体重掛けて、吊ったんだってさ」

なるほど――。

しかし、ならば奇妙だ。

横澤さんがベランダから見たのは、オフィスフロアである。場所が違う。

「それって、本当にトイレ？　オフィスとかじゃなく……？」

「トイレだって俺は聞いたよ。……でもね、やっぱり成仏できないんだろうなぁ。それから同僚達の家に、時々その人が出るようになって。おかげで、当時の社員は粗方辞めちゃったそうだ」

自殺した社員が化けて出る。そして今でも尚、その職場に留まっている。

よくある話と言えばそうだろう。少々腑《ふ》に落ちない点はあるが、そもそもがまともに説明の付く話ではない。ひとつだけ確かなことがあるとすれば、それは横澤さんの体験に「裏が取れてしまった」ということだった。

森さんは、「多分引っ越したほうがいい」とアドバイスを修正した。

仕入れた話を彼女に詳しく語ることはしなかったが、向かいにあるのが曰くつきのビルであるという点は伝えた。

横澤さんも初めてのひとり暮らしがそんな場所というのは耐え難いようで、わかりました、どこか違うところを探します、と残念そうに語った。

※

新しい物件探しを始めて、一週間ほどが過ぎた頃。

上手い具合に通勤距離が大差なく、現在のマンションとは職場を挟んで対角線上に位置する部屋が見つかった。

向かいのビルからできるだけ離れたかったので、これは幸運だった。

余計な出費をしてしまうことになるが仕方がない。横澤さんの両親も、「そんな気味の悪いところは引っ越せ」と言ってくれて、多少の援助をしてくれそうだった。

やれやれ――と彼女は部屋を見回し、荷づくりの目算をしつつベッドに横になった。

時刻は午後十一時。

そろそろ寝ようかなと思ったとき、窓の外で、雨が降り始めた。

ザアッ、と一瞬窓ガラスが鳴ったかと思うと、あっという間に土砂降りになり、ベランダで激しい水音が立つ。

――天気予報、雨が降るとか言ってたっけ。

ゲリラ豪雨という季節でもない。

どんどん激しくなる雨音に、横澤さんは少し不安を抱いた。

ベッドから出て、どのくらい水が溜まっているのかベランダを確認しようとして、カーテンを開けた。

雨音が消え、乾いた窓ガラスに自分の顔が反射した。

「えっ？」

暗い夜景、明かりの消えた向かいのビル。

緑の非常灯だけが灯るオフィス。

そのガラス窓に両手をつく、男のシルエットが見える。

こちらを覗き込むように見ている。

「…………」

横澤さんの両足は震え、カーテンを握った手が白くなる。

オフィスの男はほどなく、窓から少し後ろに下がって両手をダランと垂らし――スッ、と何十センチか伸びあがって、「首吊り」の姿になった。

彼女は食いしばった歯の隙間から悲鳴を漏らし、取るものもとりあえずにすぐさまマンションを飛び出して、実家に帰った。

声

更科《さらしな》さんがとある心霊スポットで撮った写真の話だ。

「評判がよかったからわくわくして車飛ばしたんだよ」

辿り着いたそこは、山の脇腹にくっついた用途不明の廃墟だった。

「ホテルとか、何かの学校かそういう施設——でもないんだよなぁ。でもどっちもっぽい。強いていうと、理科室があるホテル、みたいな?」

それはもしかして病院というのじゃないだろうか、と訊ねる。

「うーん、最初はそう思ったんだけど、病院じゃないんだよなぁ。待合みたいなロビーがないんだ。入り口からすぐダダーッと廊下。病院だったら、病院用のベッドとか、どっかしらタイルの部屋とか、処置室とか、コレって部屋があるでしょうよ。そういうのがないの。だから理科室」

ベッドはあるが病院のものじゃない。医療器具、設備もなく、それでいてどこか医療っぽい。

「研究所にしちゃあ寝泊りが充実してる。一緒に行った奴も『何なんだろう？』って」

確かに研究所の可能性も低くはない。そうでなければ何らかの合宿所だろうか。

「で、雰囲気あっていいんだけど、何にせよ綺麗過ぎるってこともあって、連れと意見が割れちゃった」


「ここは俺の分野じゃないな」

そう山田氏が言ったので、更科さんは呆れて言い返す。

「またそれかよ。幽霊なんかいる訳ないじゃん」

当時ふたりはよく廃墟巡りをしていたが、この点については意見が一致しなかった。

しかしこのときばかりは、更科さんもギョッとするようなことが起きた。ふたり以外の、何やらぼそぼそと喋るような声が聞こえたのだ。

ぼそぼそと、その音はふたりの間、すぐ背後の辺りで湧いた。

〝湧いた〟としか言いようがない。慌てて振り向いたのに、音の発生源は何もなかったのだから。妙に片付いた長い廊下が続いているだけだった。

「ほら見ろ。今の、聞こえたよな」

山田氏にそう言われて、更科さんも頷くしかなかった。

「――で、なんて言われた？」

「そう訊かれて、なんか急に頭に血がこう、カーッとなっちゃった。決めつけんなって。確かに何か、音はしたよ。ぼそぼそ、モヤモヤって感じの。でも人の声かなって。何で『何か言われた』って思ったの？　って」

それで彼は、思わず怒鳴ってしまったのだという。

「声じゃねえよ！　風とか鼠とかだろ！　すぐそうやって幽霊に結びつけんなよ！」

自分で思ったよりも大きな声が出てしまった。

更科さんの声は固いコンクリートの壁から壁へ、奥の暗がりまで反響してゆく。

山田氏は驚いたというか、すっかり怯えた子犬のように縮こまって「ごめん」と言うだけだった。

そんなつもりではなかった更科さんも意気消沈してしまい、探検はそれまでとなった。

今も少し後悔はしているという。

「申し訳ないことしちゃったな、とは思う。風でも鼠でもなかったし。だって、壁でも何でもないところの大人の肩くらいの高さで、ぼそぼそ音立てる鼠なんかいないもの」

風でもない。彼らのいた奥まで風など吹き込んでくる建築ではなかったし、実際音のしたタイミングで風など少しも感じなかった。

「でもお互い、いい大人だから。怒鳴ったりしてごめんねって言うのもなんか変じゃないですか。で、山田君とはそれっきりで」

それから一、二年して、今度は東という知人に声を掛けられた。

件の謎の廃墟に連れて行ってくれよとのことだ。更科さんにとっては別段珍しいことではなかった。

「近所っていえばまあ近所だったんで。車でものの二時間かそこらだし、俺も山田君と疎遠になって廃墟行ってなかったから、丁度いいかなと思って」

東氏は、写真が趣味だった。

当時出てきたデジタル一眼レフも銀塩も、トイカメラも使いこなす。

「凄い機材。でも着いてみるとね、その建物に入ってすぐデジイチのバッテリが上がっちゃった。朝までには帰るつもりだったから替えのバッテリもないっつって」

東氏は意気消沈することもなく、即座に機材を持ち替えた。

彼は更科さんのガイドも無視して、あちこちの写真を撮りまくっていた。

「なぁ、東、ここって何の施設だと思う？」

「さあ」

こういう張り合いのなさは、山田氏と連《つる》んでいたときには感じなかった。山田氏はそれこそ『理科室付きホテル』でも『たこ部屋付き研究所』でも、意味が同じだろうと思いつく限り答えてくれたものだ。

何となくつまらない感じで床を眺めて歩いていると、まっすぐな廊下の前方で、横の部屋から顔を出した東氏が突然「おいっ！」と叫んだ。

驚いて顔を上げる。

すぐにストロボの光が眩しく明滅して、更科さんは顔を背けた。

何だよ、と見るとインスタントカメラを構えた東氏が薄く笑っていた。

インスタントカメラは撮るとその場で、フィルムが一枚ずつ現像された写真として吐き出されるものだ。ただし像が定着して浮かび上がるまでには少しばかり時間がかかる。

その写真をブラブラと振りながら東氏は「記念写真」と言って歩き出した。

更科さんも「撮るなら言えよ」と文句を言いながらそれに続く。

「それじゃ驚いた顔が撮れないだろ」

途中、東氏は吐き出されたばかりの写真をライトで照らして確認していた。

「それで、一番奥の階段上がってる途中——踊り場のところで、東が急に止まったんだよ。どうした？　って聞いたら、『見ろよこの顔。傑作だろ』って」

ようやく浮かび上がってきた像をライトで照らしながらこちらに向けてきたのだそうだ。

「で、それ見たら自分でも笑っちゃうくらい驚いた顔してたんだ。いい加減むかついて。でも——」

その写真にふと違和感を覚えた。

自分の顔に、ではない。写真に写った自分の背後に延びる廊下の壁にだ。

そこに無数の蛇口がズラッと並んでいるのに気付いたという。

「蛇口なんて。でもあの廊下の壁——何もなかったはずだぞって」

二度目の訪問だった彼。しかし右手側に並んだ部屋ばかり気にしていて、左手側の印象は極めて薄い。

「はっきり覚えてた訳じゃないけど、何もなかったから気にしなかったはずなんだ。蛇口とか流しがあったら気付いたと思ったんだけど」

高さは彼の腰よりも少し高いくらい。

その写真では蛇口の下にシンクのようなものは確認できなかった。更科さん自身が作った影のせいで、壁の様子ははっきりとは見えない。東氏もじっくりと構えた訳ではなく、飛び出して咄嗟にカメラを向けた一枚だからブレてもいる。

しかしそれでも壁に並んだ蛇口の影だと、彼らは考えたのだそうだ。

「戻って確認してみようって言ったんだ」

東氏は先に進みたがったそうだが、更科さんはどうしても気になった。

あんなふうに廊下に蛇口が並んでいるのを、彼は学校しか知らない。ならばこの施設の正体は、学校説が有力になる。

ちょっと確認するだけだから――とそう言って、更科さんらは小急ぎに一階の廊下を戻った。


その壁には蛇口は一本たりともなかった。

代わりに、さっき更科さんが立っていた背後の壁には、丁度写真の高さに――。

「『声』って漢字が、ズラーッと並んで書かれてた。木炭みたいな黒い、ぶっ太《と》い文字で。それが同じ高さで、ズラーッと入り口のほうまで」

入ってきたときには、まったく気付かなかったという。

「あの廃墟は覚えてたんだ。俺のことを」

先回り

現在大阪で声の仕事をしている近藤氏は、四十九歳。

東海地方の出身である。

「今の若い子にはピンと来ないかもしれないけど、僕が中学生の頃って碌にコンビニもなかったんだよねぇ。田舎は特にさ」

……なるほど三十年以上も昔なら、確かにそうだろう。

都会ならいざ知らず、地方在住の若者達が夜中に行ける場所は限られていた。

彼らの誘蛾灯になってくれたものと言えば、精々が自動販売機、あるいは二十四時間営業のスーパーマーケットくらいか。

「そうそう。その、二十四時間スーパーに行ったときの話。えらく昔の話だけど、やっぱりあんな目に遭っちゃうと、しっかり覚えてるもんだなぁ……」

近藤氏は懐かしそうに目を細めてから、しかしやがて、不安とも痛みとも付かない苦しげな表情を浮かべた。
それは八月――夏休みも終盤のことだったという。

※

当時三年生だった近藤少年は、中学最後の夏休みを遊び尽くすつもりだった。

この休みが終われば、嫌でも受験と向き合わなければならない。地元の公立高校へ行くつもりだったので、特に難関受験という訳ではなかったのだが、進路指導の際に「安全圏には入っているものの、今の学力では不安が残る」とも言われていた。

そのため九月以降、塾の受講コースを増やすことが既に決定済みであった。

当然気は重い。

しかし夏休み期間の特別講習を受けずに済んだだけでも、幸運と言えよう。

「……フ～ンフフン、フンフフ～ン。ラララ、ララ～」

当時流行っていたドラマの主題歌を口ずさみながら、近藤少年は自転車を漕ぐ。

時刻は深夜、二時も近い頃。

夏休みの間にすっかり無目的な深夜徘徊が習慣となってしまっていた。

決して褒められた趣味ではないし、もし巡回中の警察官に見つかれば、確実に補導される。そこから親だけでなく学校にまで連絡されたりすると、後々ややこしい話になるのは間違いない。

でも、やめられない。

真夜中の屋外に、ある種の解放感を覚えてしまうからだ。

こうして誰にも見られず暗闇を走っているとき、自分は、完全な自由の中にいる――。

「ララ、ラララ、ララ～……」

今日はどこへ行こうか。持っているのは、少しの小遣いが入った財布だけ。

町内は粗方回ってしまったし――そうだ、隣町の先のスーパーが良い。

あそこなら二十四時間やっている。夜食とジュースでも買って、家に帰ったらそれを食べながらビデオを観よう。決まった。

彼は大通りを避け、日中なら通らないような路地を縫って、自転車を走らせた。

そのスーパーマーケットは近藤少年の家から二キロほど離れた町外れにあり、こんな時間に訪れるのは、勿論初めてである。

一台の車も停まっていないガランとだだっ広い駐車場に到着したとき、彼はその店の佇まいに奇妙な不安を覚えた。

それはひとことで言えば孤独感で、世界から人間が消えてしまい、自分だけが取り残されているような心細さだった。

灯りの消えた民家や、ぽっかりと暗闇だけが口を開けた田んぼ。

それらに囲まれる形で、スーパーの煌々とした看板が光っている。

最初は目が眩むほどまぶしく感じたその照明は、近づくにつれて、何故か逆に薄暗さを感じさせた。夜中は少し明かりを減らしているのかもしれなかった。

「………」

彼はシャーッと駐車場を斜めに横切って、駐輪場まで自転車を乗り入れる。

大きなガラス窓から見える店内の様子はやはり少し暗いように見える。

いくつか並んだレジに店員の姿はなく、客が来るまでは休憩しているらしい。

鮮魚や精肉のコーナーも消灯している。

とはいえ菓子パンくらいはあるだろうと思いつつ、自転車に鍵をかけた近藤少年が自動ドアに近づくと――店の奥の通路を、女性の姿が横切った。

カートを押しているようだった。

店員の服装ではない。

――こんな時間に、カートを使うほど買い物をするのか。

仕事か何かで昼間に来られない人なのかなと思いつつ、彼は店に入る。

近藤少年が陳列棚をブラブラ回っている間も、店員は姿を見せなかった。

別に潰れかけの店ではないはずなのだが、やはり時間帯の所為で商品は疎ら、パンコーナーすら殆ど全滅の状態。

仕方がないのでカップ麺とスナック菓子を籠に入れ、二リットルのコーラも、と手に取ったとき、また通路の奥を女性が横切る。

「…………」

その人が押しているのはカートではなく、ベビーカーだった。

寝間着のようなグレーのノースリーブ姿。

黒い髪は随分と乱れている。

流石に異様なものを感じ、まじまじと見るのもためらわれて、近藤少年は視線を外す。

「深夜のスーパーって、ちょっと怖いな」と思いながら、彼はそそくさとレジに急いだ。

防犯カメラで見ていたのだろう。レジに着くとすぐ、どこからともなく中年の男性店員が小走りにやって来た。

酷く疲れた顔をしていた。

「……見ないほうがいいよ」

「……えっ」

「女。あれ、ダメな奴だから」

店員はぼそぼそと独り言のように呟き、機械的に仕事を済ませて、また逃げるようにバックヤードに去った。

ひとり残された近藤少年は、今度は明白に、足下から寒気が這い上ってくるのを感じた。

スーパーを出て、買い物袋をハンドルにぶら下げながら振り返ると、やはりまだ通路の奥に女の姿がある。
ずっと同じところという訳ではなく、ゆっくり店の奥を巡回しているようである。
――ダメな奴、というのは何だ。
頭が変な人なのか。
確かにこんな時間に赤ちゃん連れというのは、あまり普通ではない。
もしかして、あのベビーカーは空っぽなのでは。
「…………」
自分の想像にまた気味悪くなり、彼は慌てて自転車を漕ぎ出す。
さっさと帰ろうと思い、来た道を引き返す――。
だが。
「……えっ？」
街灯も疎らな道路の先に、人影がある。
こちらに背中を向けているが、グレーのノースリーブ姿。
髪はボサボサの女。
頭の中がジン、と痺れたような感じがした。

近藤少年は立ち漕ぎになると、その横を素早く追い越した。
目の端に、女の押しているベビーカーが一瞬見えた。

「ハッ、ハァッ……。フゥ、フゥ……、ハァッ、ハッ……」
真夜中の道を全力で漕ぐ。
頭の中には疑問符と、恐怖だけが渦巻いている。
見間違いなどではなかった。確かにまだ、店の中にいたはずの女が。
どうして先回りしてたんだ——。
「フゥッ、フゥッ……、あッ……」
思わず声が出た。
ほんの十メートルほど先、曲がろうとした路地の中に、女の後ろ姿。
彼は慌ててハンドルを直し直進する。
嘘だろ、何だアレ、嘘だろ、嘘だろ——と口の中で繰り返す。
心臓は痛いほど早鐘を打ち、耳の中にまで鼓動が響く。
息が苦しい。

「ハァッ、ハァッ、ハァッ、ハァッ……」

大通りに出た。

最早警察の目を心配する余裕はない。むしろ見つけて欲しい。

誰か、人はいないのか。

——人だ。いや違う、またあの女だ。

自分が行こうとする道を、先に進んでいる。

「うわああッ……。嫌だ嫌だ、来るな、畜生ッ……」

夜道の先を見るのが怖い。

けれども見なければ走れない。

下手に走って女の背中にぶつかりでもしたらと思うと、益々《ますます》恐ろしくなった。

大声が出せるものなら叫んでいただろうが、喉は緊張で絞められたように狭まり、掠れた声を漏らすのが精一杯だった。

ぶら下げた買い物袋が重く、彼はそれを道端に放り投げて、更に走り続けた。

ようやく自分の町内に戻り着いた頃、遠回りに遠回りを重ねた近藤少年は息も絶えだえの状態となっていた。
もう少し、あとはあの工場の角を曲がれば家だ。
早く帰りたい。早く自分の部屋に。
深夜徘徊なんて、二度としないから。
どうか――。
「……はァッ」
角を曲がった直後、彼は大きな息を吐いた。
安堵の息ではない。
――家の門の前に、ベビーカーが置かれていたからである。
嘘だ……、と声にならない声で呟く。
自転車の速度が落ちる。
落ちる。
落ちる。
やがて、停まる。

※

「……でね、それから、ええと。何だったっけな……」

近藤氏は時折チック症状を見せながら、続きを語ろうとする。

だが、なかなかそこから先へ進まない。

「いや、ちゃんと覚えてるんだよ。流石にあんな目に遭うと、忘れようと思っても忘れられないしさ。まるでつい先週のことみたいに、しっかり頭に残ってて……」

ええと、ベビーカーが門の前に。

停まっててさ。

僕もそれ以上自転車を漕げなくなって、停まって。

それから——。


——おかしいな、喋ろうとすると。

いや、そこから先を思い出そうとすると、何だか凄く。

「……よくない気がする」

突然、近藤氏はこちらに頭を下げて「ごめん」と謝った。

なのでこの話は、ここまでということになる。

その後の近藤少年は、残念ながら高校受験に失敗し、大阪の私立の高校へ進んで、現在に至るとのことである。

高校進学以降、郷里へは、一度も帰っていない。

パズル

「うちのチビどもが、タブレットでなんか変なページ見てたんだよ。変なっていうか、妙に古臭いような」

木下さんは二児の父だ。一男一女、それぞれ十歳と八歳になる。

それはブラウザで動くオンラインゲームサイトの一コンテンツかと思われたが、それにしては商売気が絶無であった。背景はただベタに黒いし、無骨なフォントがでかでかと〝パズルの部屋〟と告げている。

「JS（JavaScript）製だと思ったけど、今どきのセンスじゃないよなぁ。まぁ、害はなさそうだったから放っておいたんだけど」

そもそもは長男・義弥《よしや》君が『パパこれやって』と見せてきたものだった。妙に深刻そうなその様子が、木下さんに引っかかったのだ。

タブレットの画面を見てみると、ひとつの写真が４×４のマスに描かれて、バラバラになっている。十六ピースのうちひとつが欠けていて、その空きを使って残りのピースをスライドさせる、所謂――。

十五パズルだ。

完成すると人の顔写真になるというのは一目でわかった。

それも卒業アルバムの写真みたいな青バックで、ニキビ面の若者の写真だ。

「何これ？　面倒くさいなぁ」と木下さんは思わず素で返すと、子供らは泣いて騒ぐ。

世の中に数あるパズルの中でこういう絵合わせパズルとハノイの塔だけは――木下さん曰く『作業だよ。何が面白いのかこれっぽっちもわからない』。

子供らがあまりに騒ぐので彼は本音を飲み込んで、その作業めいたパズルを遊んでみた。

すぐ解ける――と思いきや、三十分、四十分、一時間半かけても完成しなかった。

子供達も寝てしまったので、彼はそれを放りだした。何が悲しくてこんなことをしているのか。途中で『ＰＣでソースを見てズルしよう』と考えたのすらバカバカしくなった。

「その晩、変な夢見た気がするんだけど――飛び起きたら綺麗に忘れてて。何だったたかなぁ。でもそのあとすぐ――それが見えるようになったんだよ」

　電車の窓外を流れる景色や、郵便ポストの下の開いた部分――そういうところに。

「一瞬、チラッと見えるんだ。あの、パズルの顔が。顔っていうかパズルそのもので……未完成のパズルの盤面から抜け出したみたいに」

　バラバラの顔が、だ。

　その顔は常にこちらに向いていると感じたが、平面なので仕方がないだろうと彼は言う。それってどう見えるの、と質問すると、木下さんは「いやもう、そのまんま。大きさだけ人間のスケールで」と答えた。

　ピースのまま、バラバラの顔がその辺から覗いている。ただ巨大なパズルが置いてある風に見えるのではなく、人の形に背景だけが〝抜けて〟いる。

　しかしその輪郭は方眼紙上で切断されたように――ニキビのある左頬が縦半分の鼻の上にあったり、つるんとした額の右端が左下にあったりするから、正確には〝人の形〟になっているとは言えない。

　はっきりと覚えていないが、それは丁度パズルを投げ出したときのままのように思えた。

「ギョッとするよ。そんなに根詰めてたかなって。まぁ、昔はそれこそ一日中ゲームやって、目を瞑ってもゲーム画面が見えるなんてこともあったっけ」

そんな調子であまり気にしなかった彼だが、見るたびに少しずつパズルが整っていくような気がしたという。その間彼は例のパズルのページを見ていなかった。プレイしていないのに勝手に変わっていった訳だ。

「四、五日してからかなぁ。だいぶはっきりした、見れる顔になってきて、出来上がりかと思ったんだけど、やっぱちょっと違うんだよな。なんていうか上手く言えないけど。どっかずれてる、みたいな?」

後で知ったことだが、彼がプレイしていない間も義弥君が試していたのだという。

数日して、義弥君が「解けた?」と聞くので、父は「ああ、解けた解けた。でもズルはいけないから自分でやれ」と適当なことを言った。

すると義弥君は感激した様子で、

「すげぇ! 誰にも解けなかったのに!」とはしゃぐ。

流行ってるのかと聞けば、どうやら義弥君の周囲でちょっとしたブームらしい。

ただその話の内容を詳細に聞いたところで、木下さんは少し気味が悪くなった。

「聞けば要するにあれって、放置された昔の学校裏サイトで、パズルは虐めなんだって。パズルになった子達は皆死んでて、顔を戻してあげないととり憑かれるとか何とか」

とり憑かれるなんて如何にも子供っぽい噂だ――そう彼は憤慨しつつも、前半は信じた。

「裏サイトの虐めだって言われたら、『ああ、なるほどな』って思うじゃん」


木下さんは、その話を聞いたとき、すぐに義弥君に聞き返した。

「『子達』って？　他にもいるの？」

義弥君はささっとタブレットを操作し、ＵＲＬの最後についていた番号をインクリメントする。

するとそこに、また別人の顔のパズルが現れた。

子供はすぐこういうことをする……と苦々しく思いつつ、彼も番号から人数を推定する。

番号は二桁。最低でも十人分あるなら、イジメにしては多いのではないかと感触を持つ。

他の番号を試してみると、どうやらページがある場合とない場合がある。例えば０１は、ある。０２はない。０９、１０はあるが、そのあとは暫くない。

01の子のパズルを出していると、妹の遥ちゃんがそれを指差した。

「この人！　この人がね、○○ちゃんのところに来たって」

噂だろ、と軽くいなして木下さんは、でも、と子供達に向かった。

このページはもう二度と見てはいけないこと、このページのことは誰とも話さないこと、を約束させた。

「怖かった訳じゃなくて、イジメに加担してるみたいで気分が悪かったからさぁ」

アドレスによれば、彼の元に現れるようになったニキビの少年は09番だった。

その後も、木下さんの周囲には09の未完成パズルが現れた。現れたというよりは、見えるだけというべきか。

一向に完成しない。ふと彼は思い立って01の子のページを表示させた。

画面は黒い背景。パズルがドカンとあるだけで、他に情報はない。そこで彼は、画面全体を選択してみた。

すると、そこに反転した文字列が浮かび上がる。

『J・A(飛)』

〝(飛)〟ってのは何だよ、やめてくれ——突然彼はそう厭な気持ちになった。

ひとつわかったことがある。J・Aがイニシャルなら番号は出席番号だ。

「09はKって苗字だった。K君は——〝(不)〟だってさ。〝飛〟は何となくわかる。〝不〟は何だろうな」

ともあれ、知る必要のないことを知ってしまった彼は、何となくパズルを無視できなくなった。完成させて元の顔に戻してあげなきゃ、と使命感に駆られた。

「タタリとかは知らないよ。ただ、可哀相だろ」

そうして彼は再びパズルに取り組むことになった。

しかしよほど苦手なのかそれとも真面目に取り組んでいないのか、一向に完成しない。

40まで試して見つけた、男子四人女子ひとり、合計五人分のパズルを端からやっているが、ひとり分たりとも完成しない。

苛ついていると、タブレットと自分の両足の間から、誰かが覗いている気がした。

ギョッとして見ると、一瞬だけ０１番のA君と、１０番Sさんの顔があった。とはいえどの顔もバラバラで、誰が誰なのかは実のところ怪しい。

ただひとつ言えるのは――気のせいなどではない。

誰かがそこにいるのだ。平面でもバラバラでも、確かに存在感を持って彼の日常に現れるようになってしまった。

「で、その辺で思ったんだ。いくら何でもおかしい。このパズルはひょっとして、解けるようにできてないんじゃないかって」

彼はパズルのスクリーンショットを撮って、画像ソフトを使って自分で並べ替え、元の顔を見ようと試みた。

これは簡単にできたが、十五パズルの特性上、ひとつのピースは欠けたままだ。悪いことにその最後のピースは、この写真で学生服の右下、名札の位置に相当していた。

解決にはならなかった。彼の前に現れる顔が正しくなることはないし、氏名もわからないままだ。

『このパズルは解けないように作られているのかも』――そう考えた彼は、職場の後輩で数学科の修士課程を出た若者にパズルを見せた。

たかが十五パズルに数学マスターなんて大袈裟にも思ったが、彼なら何かしら知見をくれる予感があった。

予感は当たった。

数学マスターによると、この手のパズルには不可能問題がある。昔、アメリカのパズル作家が不可能問題を作って巨額の懸賞金をかけたが誰にも解けなかったくらいで、今では解けないことが数学的に証明されている。

証明も聞けば「なるほど」と大学の授業を思い出すものだったが、自分で導ける自信はない程度の難易度であった。

「彼にかかればそれくらいは知ってて当然って感じで。『復元プログラムを書いてみます』と言ってくれたけど、流石にそれは遠慮した。だって解けないってわかってる絵合わせなんて面倒くさいだけだし、しかも題材が題材だもの、気まずくって」

木下さんは自分でやることにした。

「解析すりゃよかったんだ。少なくとも、あんなパズルをやるよりはマシだもの」

基本的にはブラウザ上に表示されるコンテンツがどう振舞うかは、閲覧者にも検証できる。ソースコードが見えるからだ。

ただしソースコードがそのままとは限らない――彼が解析し始めたパズルがまさにそれだった。

学生の作ったものと高を括っていたが、解析を妨げるようコードを複雑にする方法ならいくらでもあり、しかも手軽だ。そのパズルもツールでしっかり難読化されており、名札部分のピースも調べた限り見つからなかった。

ところで数学マスターによれば、不可能問題を作る方法は非常に簡単なものだ。十五あるピースのうち、特定の一対を選んで入れ替えてしまうだけ。たったそれだけで、入れ替えたピースを正位置に戻すことはできなくなる。

ならばこのパズルに、フェアな正解は存在しない。ただ製作者が〝正解〟とした順番があるだけで、それは元の写真に戻ることを意味しない。『酷い話だ』と彼も思うがそれでもそのアンフェアな〝正解〟を見つけることで、欠けた名札のピースが得られる可能性はあった。

難読化を解くのを早々に切り上げ、木下さんはブラウザの『開発者モード』を使うことにした。これでパズルの内部状態を調べれば、きっとこのパズルが求める〝正解〟の配列がわかる。

彼はそれを見つけ出した。

結果――入れ替えられたピースは、丁度顔の左右の目にあたる部分のピースだった。五人分の全員が全員とも両目の位置を入れ替えられていた。

つまりこのパズルは、両目の入れ替わった写真しか〝正解〟がないことになる。


「これを作った奴の意図がわからなくて気持ち悪いよ。呪いとかはまぁ、ないとしてもさ」

木下さんは、これまでの経過のうちにイジメ説は受け入れている。

確かに虐めだ。こんなものを作って、しかも残しておくなんて。

「こんなページは、残しといちゃいけないんだよ。今すぐ消すよう管理者に問い合わせた。ホスティング業者にも――まぁ、あんま相手にされてない感じだったけど、どうかな」

強引にとはいえ、彼はパズルを解いたわけだ。

製作者しか知らない〝正解〟を無理矢理入力したとき、欠けていた名入りの胸章のピースが現れた。彼は今、五人全員の氏名を知っている。彼らがどうなったのかも、調べられる限りは調べた。

だから意図は不明ながら、意味はあったのだと彼は考えている。

彼の前に現れる五人は、今でも左右の目の位置が入れ替わったままだという。

井戸と猫

　宇野さんの実家には以前、年老いた三毛猫がいた。

　それは彼女の家で代々飼われてきた猫達の末裔《まつえい》で、遡れば大正時代から続く血筋、とも言われていたようだ。

「私が子供の頃とかは、ちょっとした猫屋敷みたいな感じだったんです。家中におしっこの臭いが付いちゃってて——これじゃあ友達呼ぶのが恥ずかしいなって思ってました」

　猫は、放っておくと毎年仔を産む。

　昭和の時代にはそうやって増えた野良猫が、どこの町にもいた。

「近所の人も、うちに時々文句を言いに来てましたしね……。おたくの家でどんどん増えちゃって困る、って。……で、流石にもう、餌をやって可愛い可愛いって言ってるだけじゃ駄目な風潮になりましたから」

平成の中頃、当時家にいた五匹が順番に避妊、去勢の処置を施された。

結果、猫達はそれ以上子孫を残すことなく、一匹、また一匹と減っていった。

最後に残ったのが大柄な雌の三毛である。

宇野さんにとっては物心付く前から一緒にいる、妹分のような存在と言えた。

家族の中でもとりわけ彼女によく懐いており、夜も一緒の布団で寝る。

そして真夜中、宇野さんが便所へ行く際には、必ずお供について来てくれた。

「私が布団を出ると、三毛もモソモソ這い出して追いかけて来るんです」

彼女が小学生の頃は、これにとても助けられた。

と言うのも、便所は裏庭に面する縁側を通って行かねばならず——そのガラス障子越しに見える真っ暗な庭が、幼い宇野さんにとって、何故か酷く不気味だったからだ。

裏庭には、大きな土管を縦に埋めたような井戸がある。

永らく使われておらず、蓋に取り付けられた手押しポンプも錆びついて動かない。

夜、暗闇に薄っすらと浮かぶその井戸とポンプのシルエットが、まるでこの家に住み着いている他人のように思われて、彼女はできるだけ裏庭を見ないことにしていた。

便所について来てくれる三毛は、眠たそうにドアの前、縁側の廊下で鎮座して待っていてくれるのだが——そのとき、必ず庭のほうを向いていたように思う。

まるで、何かに睨みを効かせるかのように。


中学校に上がって暫くすると、三毛も段々と年老いた様子を見せ始めた。

何かで遊んだりするということはまずなく、一日の殆どを寝て過ごしている。

固太りな印象だった身体も少しずつ痩せてゆき、宇野さんが中学三年になる頃にはすっかり老猫となっていた。

そして真冬のある朝、彼女が目を覚ますと布団の中に三毛はおらず、縁側の廊下の隅で横倒しになって死んでいた。

彼女はその場に座り込み、気が遠くなってしまうほど、悲しんだという。

※

宇野家の猫の血筋が途絶えてからのことである。

高校生になった宇野さんは軟式テニス部に入り、朝に夕にと練習に励んでいた。友達に誘われて入った部活動で、それまで未経験なスポーツではあったが、いざ打ち込んでみると思いのほか熱中できたらしい。

——しかしあるとき、三年生の先輩から指導を受けていた際。

「……宇野さんのウェア、ちょっと生乾きの臭いがするかも」

と、言い難《にく》そうに指摘された。自分でも薄々そんな気はしていたのだが、改めて人に言われると恥ずかしくてたまらなかった。

恥を忍んで友人らに訊いてみると、確かにこのところ、そうだという。

「でも、ウェアっていうより髪じゃない……？　朝会ったときに、そんな臭いがすることもあるから……」

「もしかしたら、何かの臭いが移ってるのかもよ。布団とか、箪笥《たんす》とか」

つまり、全身から異臭がしているということになる。

宇野さんはいささかショックを受け、洗濯洗剤を変えてもらったり布団を虫干ししたり、部屋中に消臭剤を吹きつけたりした。

だが、これという変化は感じられない。

日常生活の中でフッと、水臭いような、湿った裏路地のような臭いを感じることがある。

どうしよう――。

彼女は友人らと話すとき、あまり近くへは寄らないようになった。

徐々に部活動も休みがちになり、気分も落ち込んでゆく。


ある日の夕食後、お父さんが見慣れない道具を持って玄関先に出て行った。

何をするのだろうと見てみれば、小さな皿を左右の隅に置いている。

白く盛り上がった三角錐《すい》。

盛り塩である。

「……えっ、急にどうしたの？　何で？」

「……実は今日、仕事先の人に言われたんだ。家のことあそこに塩を置いたほうが良い、そのまま放っておくとよくないものが溜まるから、って」

お父さんの表情は暗い。

そういえばこのところ、元気がなかった気もする。

「その人、なんかちょっと視えたりするらしくてな。別に言われた通りにしたからって、不都合がある訳でなし。一応、な……」

「それって……、何が視えるって言われたの？　何か、怖いもの？」

「いや、そんなんじゃないよ。別に大した話じゃない。気にするな」

特に信心深いタイプでもなかったはずなのに、急にそんな話を真に受けるのは、妙だ。

何らかの心当たりがあるとしか思えない。

けれどいくら訊いても、お父さんがそれ以上の説明をしてくれることはなかった。


やがて、裏庭に面する縁側の雨戸が閉められたままになった。

数日続いた長雨の後だったが、すっかり晴れの日になっても開けられる様子がない。

おかげでその縁側の廊下にぶら下がった、笠の付いた裸電球が昼間でも点けっぱなしにしてある。そうでないと真っ暗だからだ。

自分の身体から滲み出す異臭のせいで、湿気に敏感になっていた宇野さんは、お母さんに「いい加減雨戸を開けようよ」と提案した。

「……まあ、良いじゃない。面倒だし、あんまり陽があたると縁側がやけちゃうし……」

「でも湿気が籠もるよ。カビちゃうよ」

「……だったら、扇風機を掛けるから。風を送れば大丈夫でしょう？」

――言っていることが明らかにおかしい。

そしてお母さんの顔もまた、お父さんと同様どことなく陰鬱な、疲れた表情。

何かがある。

私には教えてくれないが、ふたりでこの家についての何かを隠している。

宇野さんは不安な気持ちを堪えて食い下がり、「私、友達にも臭いって言われてるの！雨戸開けるからね！」と宣言して、ガタガタ不器用な手つきで縁側を解放した。

お母さんは困った顔をしていたが、流石に制止したりはしなかった。

そのときようやく宇野さんは、明るくなった縁側の隅――一番手前と一番奥に、盛り塩が置いてあることに気付いた。

翌日――。

朝、宇野さんが便所へ行こうと廊下に出ると、仕舞ったはずの縁側の雨戸が一枚だけ戻されていた。

それは丁度裏庭の、井戸の正面にあたる位置まで引っ張り出されていた。

※

結局のところ彼女自身、何かを見たという訳ではない。

ただ蛞蝓《なめくじ》が這い寄るようにじわじわと、家の雰囲気が暗く、異質なものに遷移してゆくのを体験しただけである。

「――寝てると、廊下で〈ギャア!〉ってお母さんが大声上げたこともありました。ビックリして見に行こうとしたら、すぐ自分の部屋に逃げ帰ったみたいで、もういなかったんですけど……」

その叫び声の理由も、やはり教えてはもらえなかった。

また、家のあちらこちらにお札が一枚、二枚と増えてゆくのにも気付いていた。

些細なことから両親が口論したりする場面が増え、宇野さんは自室に籠もるか、そうでなければあてもなく近所を歩き回るかという暮らしになった。

――この家は一体どうなってしまうのだろう。

どうしてこんなふうになってしまったのだろう。

理由が知りたい――けれど知るのが恐ろしくもある。

夕飯になるまでフラフラ彷徨《さまよ》うように町内を歩き、宇野さんは時間を潰す。

小学生の頃によく通った駄菓子屋で、安いお菓子やジュースを買い、道端にぼんやりと座る。カラスが数羽、鳴きながら西の空へ飛び去ってゆく。

「………………」

帰りたくないな、と思う。

逃げたい。

彼女は再び歩き出し、何気なく、駄菓子屋の裏の鬱蒼とした緑の中へ入った。

小ぶりな鳥居と祠《ほこら》があるだけの、小さな神社である。


〈……ニャーン。ニャーン、ニャーン……〉


ハッとした。

細くて高い猫の声。仔猫だ。

宇野さんは周囲を見回す。

「……おいでおいで、どこにいるの？　ほら、大丈夫だよ。私はここだよ」

ニャーンニャーンニャーン、と立て続けに鳴きながら小走りに駆けて来る。

薄暗い木立の陰から現れたのは、短い尻尾をピンと立てた、目ヤニだらけの茶虎だった。

――トラ、と名付けられたその雄猫を連れ帰った日から、家の中の空気は変わった。

仔猫の世話は手が掛かるので、余計なことを考える暇がなかったというのもある。

しかし明らかに、それだけではない。

「どう言えばいいか……。最初に気が付いたのは、あの臭いがなくなったことです。私の髪も、部屋も、服も。ファッ、て消えたみたいに」

両親は当初、仔猫を飼うことに肯定的ではなかったが、やけに人懐っこいトラの性質に徐々にほだされてゆき、宇野さんと一緒に可愛がるようになった。

「縁側の盛り塩をひっくり返したときは、流石に父も一瞬顔色が変わったんですけど。……でもまあ、仔猫だし、舐めるとよくないからもう止めようか、って」

日向ぼっこができるようにと、縁側の雨戸は全部開けられた。

トラはそこを走り回り、やがて遊び疲れると、井戸の正面でゴロンと横になって寝た。

何か興味を惹くものがあるのか、錆びついたポンプをじっと見つめたりもした。
今でもそうである。
トラは今年で十歳。
宇野さんが夜、便所へ行くとついて来る。

リバイバル

「なんていうか……うん、手に負えなくなったんだ」

克典さんが、厭々と、しかしこちらを試すように話したそのことを記すには、彼の仕事について少し知る必要があるだろう。


彼は当時、切り絵職人であった。本業は別にあるので、これは副業になる。

「副業ってほど稼げない。殆ど趣味だよ、趣味。それと実益を兼ねて」

近くの観光地に赴《おもむ》いて、旅人の姿を切り絵で表現して、売る。

「カービングっていう人もいるけど。ネットで売るとかね。でも僕はそういうの全然。あれはあれで大変だし」

制作に集中できないから、ということだ。彼は飽くまで一期一会の出会いを刻んで、そういう思い出を売るところに重きを置いている。

そう書くと彼がまるで絵に描いたような人情家のように感じるだろうが、実際は少し複雑と思う。

作業台に作例を並べて、道端に座り込む。その姿は釣り人に近い。

彼の作品は似顔絵ではないから、まじまじと相手の顔を観察したりはしない。目も眉もない、その人のシルエットをほんの一息に見切って、その通りに切り抜く。真正面からの影を切り抜くと皆似たような楕円になってしまう。

だから彼の作品は皆横からの姿で、特に横顔が多い。お客には最初から、彼に対して横向きに座るよう促しているし、まず椅子が横向きである。

街頭でのカービングは制作自体がパフォーマンスでもあるので、軽妙なトークを交えて華麗に作れば見物人が増え、お客も増える。克典さんもパフォーマンス的な動きは取り入れているが、話術はまったく使わない。

「人と話すの好きじゃないんだ」

横顔であれば対面しなくてよいから気楽だ。

「人の話はとりとめがない。『で?』って言いそうになる。僕からしたら怪談聞くほうがおかしい」

彼は人と直接話す代わりに、自分の作品を通じて話した。制作が終わったあとお客と言葉を交わすなら、作ったばかりの自分の作品に向かって話しているというから徹底している。彼の言う『千円です』は、自分の作品に対する『お前は千円だ』という宣告なのだ。

会話すら厭《いと》うなら何故その仕事が趣味と実益を兼ね得るのだろう、と彼を知る者なら誰でも思う。

「――理解してくれるなんて思わないよ。でもまぁ、ほんとに興味があるなら……」

彼の目的は、制作の、その後にある。

一息に切り抜いた横顔や姿をお客に渡すと、彼の元には切り抜いた紙が残る。

この〝残り〟こそが彼の目的である。

これを元に他の紙を切り抜けば、そっくりそのままお客の姿が手に入る訳だ。

彼はこれをコレクションしている。

横顔には個性がある。しかし似顔絵と違って、感情を表現するパーツがないから沢山並べてもうるさくなることはない。

部屋の壁をそれで満たすのが、彼にとっての至福だった。

彼の仕事のやり方は、実のところこのコレクションのために洗練されたと言って差し支えないだろう。

「コレクションしたら、持って帰ってきた〝残り〟は捨てる。用済みだから」

自分の切り抜きが知らぬうちにどこかに飾られているのは生理的に厭だという人もいるだろう。とはいえ彼が指摘したように、趣味の悪さでは怪談を集めるのもどっこいなのかも知れない。

それに――。

「ただ飾るだけだよ。何もしない。これに話しかけ始めたらいよいよ僕も終わりかも」

理由を問うのも無意味なのだろうが、彼自身理由が気になるくらいにはコレクションは膨らんでいた。

「だから寂しいとか、友達が欲しいとかじゃなくて。何だろう、〝支配〟かな」

当初玄関先を飾っていた彼のコレクションは、やがて小さな居室の壁を満たし、寝室にまで溢れてきた。

問題の一枚も、彼が支配していたはずのものだ。

彼は定期的に劣化したものを捨てており、その一枚も古くて捨てようとしたもの。しかし彼には、それがどうしても気になって捨てられなかった。

十年近く前、彼が駆け出しの頃に作ったものだった。

モデルは制作当時恐らく十七、八歳の少女だった、ある横顔だ。

「美形——？　いや、全然。鼻は低いし、歯も出てるし、絶壁頭。気になったのは、何か、反抗的だったから」

反抗的、の意味を問うたが、返事は胡乱《うろん》なものだった。

「反抗的は反抗的だよ。なんか、何考えてるかわかんないんだ、そいつ」

彼によれば、その少女の横顔が異変の中心である。

異変はいつの間にか始まっていた。

最初に気付いたのはもう五年ほど前のこと、彼が帰宅したときに何やら刺すような視線を感じた。

その頃、玄関に置いていたその少女の横顔だった。何故それだとわかったのか、それは一枚一枚取り外して確かめたからだ。少女の横顔を取り外したとき、触れた腕が酷く重くなって、見ると強烈な蕁麻疹《じんましん》が広がっていた。

あちこち移して、居間のテレビの上に貼ってみると今度はテレビが勝手に点いたり消えたりするようになったのだそうだ。

そこで彼は、今度はそこから対面の壁——つまり彼の背後、テレビが見える位置に移したところ、異変はパタリと止んだ。


「テレビが見てえんだな、ってわかった。生意気な奴だって思ったよ」

それから暫く変事はなかった。

しかし異変を決定付けたのは、居室の壁に貼った少女の横顔の周囲に、作った覚えのない横顔が増えているのに気付いたからだ。

「自分で作ったのは覚えてる——はず。でもまあ、忘れることもあるかもしれなくって最初は気にしなかったけど、そいつの周りのだけ綺麗に忘れるのは変で」

すると暫くして、またその少女の横顔の近く——真正面の位置に、見知らぬ男の右向きの顔が、向かい合うように生まれていた。

裏返せば右向きになるじゃないかと思うが、そうではない。彼は裏と表で色の違う紙を使っていた。だからそれは最初から右向きに切り抜かれたものだ。

「あり得ないんだ、右向きは。僕はいつも、椅子を左向きになるように置いてる」

ならば彼の部屋のコレクションは、壁一面の横顔が皆同じ左向きということになる。なるほど、それは〝支配〟かもしれない。

「だから僕の作品は、顔でもバストショットでも、全身でも、全部左向き」


彼は流石に不気味だと思った。

自分が作っていない影が壁に増えている。それも自分の頭のすぐ後ろでだ。コレクションの整理のとき、今度こそその少女の横顔も捨てようと剥がすと、その途端火災報知器が誤作動を起こした。慌てて警報を止めてから戻ると、剥がしたはずの少女の横顔は、元の壁に貼り着いていた。彼は咄嗟に自分で戻したと考えているが、それも確かではない。

ともあれこうなると偶然とも思い難い。何となく気になって捨てられなかったその横顔が、いつの間にか捨てたくとも捨てられないものになっていた。

変事は続く。

ある晩、本業を終えて帰宅すると、仕舞っておいたはずの折り紙が一枚だけテーブルの上に出ていた。仕事で使うハサミもそこに出ている。

本業が忙しくなり、また天候不順も相まって暫く切り絵を作っていなかったのだ。

新作を作れというのだ。

疲れていた克典さんは、無視して片付けようとしたのだが、背後からそれまでにない強烈な視線を受けて慄《おのの》いた。

壁のほうを振り向けなかったほどである。

やむなく彼はその場で適当な人形を切り抜いて壁に貼りつけた。

「でも翌朝見たら、昨夜作ってやった人形が落ちてたんだ。バラバラにされて。モデルがないとダメなんだ」

週末、疲れた身体を押して街頭に出、そこからまた毎週のように新しい仲間を増やすことにした。

こうなるともう自分のためにやっていることとは思えなくなってくる。

彼は次第に、不気味さより恐怖、恐怖より怒りを覚え始めた。

街頭に出ても気分が乗らない。あの横顔のためだけに切り絵を作り続けるのは、屈辱的だった。

一方、どことなく自分のやっていることが空恐ろしくもあった。自分は名前も知らない人たちの影を切り取って集め、それをどうしようとしているのだろう、と。

今やその目的を知るのはあの横顔だけだ。彼ではない。これの何が〝支配〟か。

そして彼は引っ越すことにした。

ただ一枚、あの切り絵をその場に残してだ。

無理に剥がそうとするとまた抵抗されるかも――と考えて、あの横顔に触れずに決別する方法を選んだ訳だ。

燃やすとか埋めるという単純な報復より、一枚だけ置き去りにしてやるほうが良い――。

彼はそれを実行し、たった一枚を置き去りにして近くの別のアパートに引っ越した。

その切り絵はどうなったのだろうか？

「業者が剥がして、丸めてゴミに出したでしょ。焼却炉だろうね。所詮紙切れなんだから。ふふっ、ざまあ見ろ、いい気味だ」

その切り絵は何だったのだろうか？

「さぁて、興味ないかも。どうせモデルの子も、もう生きてないでしょ。そんな気はしてるけど——でも暫くは誰か教えてくれるんじゃないかって、ちょっと奇跡を待ってたね」

彼は努めて同じ場所に露店を出すようにしていた。

街頭に座って、作例を拡げる。

横に向けた椅子に座る人。周りで見物をする人。

その中には家族か友人か、かつて切り絵のモデルとなった少女の消息を知る者がいるかもしれない。いつかその誰かが、彼女の消息を教えてくれるのではないか——と。

あるときまでは。


その日の夕方、数件続いた制作が途切れた。

前のお客はカップルで、女のほうだけがお客だった。尤も金を払ったのは男のほうなのだが、お客とは正確には彼のコレクションに入るほうのことである。彼女は満足そうに喜んでいた。

「またお待ちしてます」

いつものように短くそう言って、克典さんは手元の切り抜いた残りを捨てる素振りをしながらそっと仕舞う。

と、次のお客が座った。小さなテーブルを挟んで差し向いなのだからすぐに気付く。

「千円です。いいですか？」

その横顔を見て、彼は絶句し——次いで椅子から転げ落ちていた。

潰れた鼻、突き出した歯ぐき、まな板のような後頭部。

「またよろしくお願いします」

少女は、学生服姿。十七か十八くらいだろう。

だが——この少女は生きていない。はっきりとそうわかった。

思わず彼は叫んでいた。

周囲にいた見物人や通行人が、何ごとかとこっちを見た。

しかし、再び視線を戻すと今しがた横向きに腰かけていたはずのあの少女はいなくなっていた。

それから彼は、もう同じ街頭に出ることはなかった。

「でもそれでも終わりじゃなかった。気が付くと、手が勝手にカービングしてることがあって。あの横顔を」

克典さんは自分がまたあの横顔を作り出してしまうことに怯えている。

最初に彼女の横顔を切り抜いたときの〝残り〟はもうない。だが紙とハサミはどこにでもある。文明を支える最も基本の単位と言ってもよいほどのものだからだ。

元はと言えばあの横顔も、彼が自分で作った。必要なのは紙とハサミだけ。

本物の呪いには御札も呪文も要らない。釘、藁、鎌、板、米粒等々、身の回りにあるものだけで構成できる。

捨てようと逃げようと、彼女はいつでもどこでも復活できるのだ。

そうして彼は切り絵をやめた。

惜しむらくは彼の才能と執念だ。筆者は彼にまた切り絵を始めて欲しいと思う。

彼がまたその子の切り抜きを作ってしまうという心配は杞憂ではないか。作ったとして、彼が恐れるようなことになるとは限らない。なぜなら一番重要な要素が欠けているように思えるからだ。

　つまり、モデルなしで切り抜いたとしてもそれはただの模造品であって、無害ではないか？　ということだ。克典さんはその子は『もう生きてない』と語った。ならば彼が再び彼女をモデルにすることはないだろう。

　そう訊ねると、彼は「モデル？　さぁ。それって生きて目の前にいる必要あるのかな」と思い詰めた表情になった。

「そもそも十年前のときだって——あの子は生きて僕の前にいたのかな。そこからしてもう、怪しいと思ってる。それに——」

　彼は切り絵はやめたが、コレクションは捨てていない。

「それに、前は驚いて転んじゃったけど、もしまたあの子が僕の前に座ったら、多分僕は切り抜くよ。訳がわからないと思うけど、わかるんだ」

　そこに欠けてしまったものを、誰より彼自身がよく知っているからだ。

騒音

西島さんが小学生の頃に聞いた話。

「私、結構田舎の生まれなので、小さい頃はしょっちゅう神社とかに行って遊んでたんですね」

そこに何か遊具があった訳ではないが、本殿の裏には沢山の樹々が植えられており、大きく広がった枝が直射日光を遮って、夏でも涼しい遊び場だった。

「友達と走り回ったり、ボール遊びをしたり。たまに木登りをしたり。勿論虫取りもしました。……蝉はうるさくて嫌いだったから、蝶々とか、蟷螂《かまきり》とかですけどね」

如何にも小学生の夏、という少女時代であったようだ。

――だがその神社には、神主さんから、「決して行ってはいけない」と言われている場所もあった。

本殿裏の林の向こう。敷地を囲う玉垣の、すぐ外。

青黒く淀んだ、古い溜め池である。

「……泳いだり、足を浸けたりするのは勿論、近づくのもダメだって。底なし沼みたいになってるからすぐに呑み込まれて、死体も上がらなくなるぞって脅されてました」

大きさは小学校のプールと同じくらい。

周辺の田んぼに利用するため、細い水路が接続されている。

田舎の男子小学生には釣りを好む子も少なくないので、そのような場所があれば毎週のように、釣竿を担いで集まりそうだが。

「いえ……、近くの大きな用水路には行ってましたけど、あそこで釣りをしてる子は見たことないです。子供はみんな大人達から散々嫌な話を聞かされて来ましたから、半信半疑だったとしても、やっぱり多少は怖かったんじゃないかな――」

神社の神主さん曰く、かつてこんなことがあったという。

テレビがまだ白黒だった時代。真夏の暑さにうだった地元の子供が、その溜め池へ涼を取りに行った。

が、昼間の暑い盛りを過ぎ、陽が陰り始めても戻らない。

やれやれ、家事の手伝いもせずにどこへ行ったんだ——と家人が首を傾げ始めた頃。

突然、〈コオーーンンン……。コオーーンンン……。コオーーンンン……〉と村中に聞こえるような、籠もった鐘の音が鳴り響いた。

音の出どころはわからない。

怪訝に思った村人が、火の見櫓を確認に行ったりもしたが人影はなく、そもそもそこに吊ってある鐘はどんなふうに叩いても、〈カンカンカン、カンカンカン〉という軽い音しか出ない。


〈コオーーンンン……。コオーーンンン……。コオーーンンン……〉


——ざわざわと集まりだす村人達。

止まない鐘の音。

異様である。

どうもあちらの方角から聞こえるようだと行ってみれば、いつの間にか背後で鳴る。

四方八方に分かれて探索してみても駄目。

どうやら全員、てんでバラバラの方角から発しているように聞こえている。

「……学校のほうだ、学校。行ってみよう」

「いいや、ありゃ川のほうだろうって！　よく聞いてみな！」

「う～ん。ワシは、山向こうから聞こえたような気がしたんだけどなぁ……」

埒《らち》が明かない。

と――そんな中で、ひと組の夫婦がキョロキョロしながら他の村人達に、我が子の行方を訊ねて回っていた。

異音の所為で村中がちょっとした騒ぎになっているのに、尚も息子が姿を現さないことに、不安を感じ始めたからである。

やがて、誰かが「ああ、坊なら確か神社の裏の池にいるのを見たな」と教えてくれた。

夫婦は小走りにそちらへ向かった。

――そして、溜め池の縁に脱ぎ捨てられている、我が子の靴を見つけた。

〈……コオーーンンン……ンン……ンン……〉

長い長い残響を引き摺りながら、鐘が止んだ。

※

そのときの子供の亡骸《なきがら》が、池から引き上げられたのか否かについては意見が分かれている。

「あそこは底なしだから、死体は泥に呑まれてしまって上がって来ない」と、まことしやかに語る大人もいるし、「この辺りの地盤には石礫《せきれき》が多いので沼状にはならない。現に冬場には池の水位も半分くらいになる。死体はきちんと回収されただろう」との見解を話す者もいる。時代が流れて話に尾ヒレが付いたり、詳細が曖昧になってしまうのは仕方がないところだ。

どちらにしても昭和の中頃、そのような事故があったのは確からしい。

——その後も、何度も。

「私の両親や親戚は、あの溜め池で十人以上死んでるって言うんですよね……、子供が」

幼かった頃は「へえ、怖い場所なんだな」という程度の感想しか抱かなかったが、今になって思えば流石にそれは、多過ぎる。

恐らく、あそこは危険な場所なのだとアピールするために、話が盛られながら伝わった結果ではないかと思われた。

実際、西島さんが神主さんから聞いた話では「八人死んでいる」とのことだった。

しかしそれでもまだ多い。

俗に「嘘の三八」と言われるように、人が作り話をする際には、「三」と「八」という数字が使われやすい傾向にあるとも言う。

話半分だとしたら、四人。

現実的な数として、多くともそのくらいだろうと西島さんは考えている。

概算だが、七〜十年にひとりずつくらい亡くなった、というイメージだろうか。

それならば全国的に見ても、飛びぬけて異常な話ではなくなる。

「……だって、ねえ。そんな、十人以上もの子供が死んでたら、絶対にもっと詳しい話が残ってるはずじゃないですか。そもそもそんな危ない池が、埋められもせずに残るのかなって思いますし……」

言い伝えの類を冷静に見つめ直せば、往々にして、そのようなものかもしれない。

――一方で、「鐘の音」については不可解さが残る。

住民達が右往左往するほどの音量で、しかも人によって聞こえる方角が違う。

神社の裏の溜め池で子供が死ぬと、それが鳴る。

西島さんは中学生の頃、近くの家に住む親戚のお兄さんに、その「鐘の音」を録音したテープを聞かせてもらったことがあった。

録音機能のあるラジカセで、部屋の窓を開けて録ったというものであったから、音質のほうは望むべくもない。

「コーン」というより「クーン」に近い、高音域の濁った音になってしまっていた。

ただ、音は本当に近くなったり、遠くなったりしていた。

途中から早送りをしてもらったが、その異様な歪みを持つ正体不明の音色は、都合十五分以上に亘って録音されていたという。

第三の水

晃《あきら》君の御実家は、山を持っている。

「実家が山の中にあって、そこいら一帯が曾祖父ちゃんの山だったんだ」

山には山の神様がいるっていうけど——と、これは殆ど晃君の口癖でもある。

「どこまでが曾祖父ちゃんの山で、どこからが神様のなのかねえ。子供の頃は、山の神様ってのは曾祖父ちゃんのことだって言われて、信じてたからさ。何度かは、曾祖父ちゃんに聞こうと思ったけど」

晃君が幼い頃、度々実家に行き、時には数日預けられることがあった。古くは物心付いた頃から中学にあがるまで、長い休みには実家で過ごすことがよくあった。

よく思い出すのは曾祖父に叱られたこと。晃君が水を飲もうと蛇口を捻ると、曾祖父は怒った。

「『そんな水、飲むんじゃねえ』って。湧き水を呑めって言うんだ」

曾祖父はコップの水を光に透かして、真っ白だろう、これは毒だ、と見せた。カルキである。

田舎では屢々、生活水に二系統があった。ひとつは行政が敷設した上水道。もうひとつは古くから生活に利用している湧水だ。井戸から採る場合もあるが、彼の実家では直接山肌からパイプを引いていて、冬でも凍ることなく流れ続けていた。

「水道代もかからない。夏は池で遊び放題。冬なら池が凍ってスケートもできたし、気に入ってたよ。でも飲むのはちょっと――」

曾祖父と祖父は飲むよう彼に命じた。

一方で父にはあまり飲むなと言われていた。山からの湧水は、自治体によって安全性が保障されていないからだろう。晃君自身は単純に「庭の隅まで汲みに行くのが面倒くさい」という理由で町の水を好んだが、曾祖父の前ではそんなことは言えない。

とにかく山の水を飲むことがしきたりと言える程だった。

「うまかったかって？　味はわかんねえな。まぁビールのほうがうまいけど――凄く冷たかった。冷やしたビールより。あとつるんとしてた」

彼が七歳になった夏、ある変化に気付いた。夏休みに帰郷していた彼が、だだっ広い縁側で蝉の声を浴びていたときだ。

「邪魔するよ。坊主、曾爺さんはいるかい」と当然のように男達が押しかけてきた。庭に降りてみれば陽炎の向こうに数台の黒い乗用車。

曾祖父の元には色んな客が来る。外商は『〇〇百貨店です』と名乗るのですぐわかる。『先生』と呼ばれるような客もいた。そうでない客の半分は、柄の悪い客だった。

家の奥から寝間着姿の曾祖父が出てきて、「そういう話は倅《せがれ》らのいるときにせえ」と何やら揉めている様子だった。

元々、他人を信用することがないと評判の曾祖父だ。財を成すとはそういうことなのだろう。

一方で客のほう、これは一目見て悪い。

少し後に知ることだが、地上げ屋であった。

ずっと後に聞いたことによると、当時付近で幹線道路の開通と開発計画があった。

「『山を買いに来た』って言われて、じゃあ売るとどうなるの？　って聞いたら、『家がなくなる』って」

曾祖父も怒鳴りつけこそしないものの、煙たがっていることは明らかだった。よほどしつこい手合いであったのだろう。

ちょっとお客の相手をしていろ――と曾祖父が急に晃君を呼んだ。

妙な様子に見えた。怒っているのでもない、かといって上機嫌では決してない。まるで感情が消えてしまったような顔で、彼は孫に「お水を汲んでくる」と言った。

祖父も外出中で、家には誰もいなかった。曾祖母は彼の生まれる前に他界していたし、祖母は体調が悪く町の家で暮らしている。盆までもうすぐの、八月の上旬であった。

彼は言われるまま、柄の悪い男達が待つ座敷へ行くと、長く組んだ座卓にずらりと並んだ十人ほどの男達がいる。晃君は学校のこと、将来の夢などを話した。彼らはいやに上機嫌で、何を言っても笑ったという。

どれほどそうしていたか、暫くして曾祖父が手桶を持って戻った。

手桶一杯の水。湧水を汲みに——それにしては妙に時間がかかったように感じた。

「お山をくれって話なら、後にも先にもお水が合わなきゃ話にならん」

曾祖父は客人に向かって迫った。

「——汚ねえ水じゃやねえだろうな」

そう身構えつつも男達は揃って手元の酒を飲み干し、「これでいい」とコップを卓に置いた。曾祖父は、座卓を回って柄杓でコップに水を注いで回った。

儀式めいていた。

どういう儀式なのかはわからない。ただ、曾祖父は日頃から山で生きるには山のものになる必要があると言っていた。その、最も基本となるものは山の水だ。

しかし——晃君は息を呑む。見ればコップに注いだ水が、真っ黒に変色してゆくのだ。

カルキの白さなど比較にならない。炭を溶いた色に加え、赤錆のようなものが対流して湧き上がっている。つい最前までは透明の水だったはずだが。

曾祖父は水を注ぎ終えて、座卓の一番奥に陣どっていた。晃君が声を上げようとすると、曾祖父は口の前で人差し指を立てる。

「おお、こりゃ綺麗な水だ。匂いも水道水とじゃ全然違わぁ」

一体どこまで本気で綺麗だなどと言っているのだろう。

曾祖父が「飲んだらお山に通してやる」と言うので、男達はその水を一気に呷った。

「――こりゃうめえ水だ。これが無料かい」

その水は違う、と晃君は心の中で叫ぶ。何故か彼らの目にはそれが普通の水のように見えているとしか思えなかった。

別の男が空になったコップを眺めて言う。

「爺さん、知ってっか。東京じゃミネラルウォーターとか言って一本百円からの金を取ってんだ。おかしいだろ」

しかし曾祖父は毅然としていた。

「何がおかしい。水は血より高価《たけ》えぞ。土地に値段なんぞ付けよるからお前さんらは土地ばかり見てるが、山なぞはでっけえ水瓶だ」

「連中は何やら爺さんと約束したみたいで、満足して帰ったよ」

帰り際に『坊主、また来週な。宿題やれよ』と言っていたそうだが――。

「曾祖父ちゃんは、俺にだけ『もう来ねえよ』って」

その言葉通り、彼らはその後来ることはなかった。二度とだ。

「翌年の、丁度同じ頃かな。去年までしつこく来てた怪しい客はぱったり来なくなってて。親戚の家に行ってた祖母ちゃんも実家に戻った。体調がって言ってたけど、本当は地上げ屋から避難してたんだな」

晃君は曾祖父に訊ねたのだそうだ。

あの水は何なのかと。いつも飲んでいる湧き水とは違うのかと。

「はっきりとは教えてもらえなかったんだけど、『お前が飲んでるお水じゃねえから安心しろ』ってそれだけは言ってた。別の水があったんだ。多分地上げ屋が来なくなったのはそのおかげで。でも、そのせいか――」


翌夏。

八月のお盆前、山中の実家は落ち着いていた。外出続きだった祖父も家にいることが多く、町に避難していた祖母も家に戻っていた。

更にこの年は晃君の〝はとこ〟にあたる至《いたる》君が来て、夏休みの間ずっとそこにいた。至君はふたつ年下で随分幼く見えたが、晃君としては退屈しないのでとても嬉しかった。

夜、茶の間に集まってテレビを見ていると、祖母と一緒に便所から戻ってきた至君が妙なことを言い出した。

外に誰かいるというのだ。

テレビを消すと、茶の間は静まり返る。煌々《こうこう》と灯る蛍光灯にぶち当たる虫の音が、耳を刺すようだ。

確かにそれに交じって、長く響く異音が、空白を埋めるように聞こえる。喚び声のような、苦しみに耐える悲痛な声のような。

家の母屋は大きい。茶の間はその中心にあって、玄関まで土間を入れて軽く二部屋分の距離がある。となると、外に誰かいてもよほどの大声でもなければ聞こえることはないように思うのだが。

風じゃない？　と晃君は言ったが、素早く立ち上がったのは祖父と曾祖父だ。曾祖父は当時既に八十代。億劫《おっくう》そうなよろめきがある。

「――来よったか」

その反応に、彼は不安を覚える。昨夏の出来事を思い出したからだ。

「んなことあっか。一年も経つんだぞ」と祖父が言った。

晃君が「……地上げ屋？」と訊ねると、祖父は「どこでそんな言葉を覚えてきた」と怪訝な顔をした。

「心配すんな。子供らは動くんじゃねえぞ」

彼は間取り図を描いてくれた。それによると家屋だけで四、五百平米はありそうに見えた。少し離れた隣にはガレージを兼ねた離れもある。

「茶の間は明るいし、家の真ん中にあったから。爺さん達は懐中電灯を持って走ってったけど、俺はてっきり地上げ屋がまた来たんだと思い込んでたから……」

茶の間に残されたのは晃君以外に祖母と至君。三人は身を寄せあっていた。

謎の声は、外から聞こえる。ただ、方角がわからない。バタバタと板間を走り回る音は曾祖父達であろう。

至君は怯えきって、言葉も発せないようだった。

「大丈夫、地上げ屋だよ。去年来てたおじさん達」

至君のあまりの怯えように、祖母は「至ちゃん、離れへ行こうか」と言い出す。離れは、造りはしっかりしているが当然一度外へ出なければならない。

晃君は厭がったが、しかし至君はもう泣き出しそうだ。

いくら地上げ屋でも子供に手を出したりはしないだろう――何となくそう思っていた晃君も、中に子供がいると知らなければ家を壊したり火を付けたりするかもしれない、と不安になった。

そう思えばあの唸り声も、軋みを立てる重機のようにも聞こえるじゃないか。

結局、彼らは茶の間を出た。家の裏口から離れを目指すことにしたのだ。

すると廊下の奥から、懐中電灯を持った祖父がやってきて「どこ行くんだ！　茶の間に入ってろ！」と怒鳴った。

祖母がどうにか孫達だけ離れに逃したいと話すも、祖父は唸る。

「――うちの周りをぐるぐる回っとるものがおる。外には出られん」

そう言うのだ。

何がぐるぐる回っているのか、晃君は知らない。

回っているなら、裏口から出るタイミングを「見計らってくれ」、「孫らはお山のお水飲んどるから大丈夫だ」――そう祖母が説得し、ようやく祖父は折れた。

祖父を先頭にして、廊下を奥へと歩き出す。

廊下には窓ひとつない。真っ暗な廊下を祖父の懐中電灯の光を頼りに進む。やがて磨りガラスの嵌った裏の戸に着いた。

待望の窓である。磨りガラスの向こうは、離れや古い便所に続く私道になっていて、弱弱しい裸電球の外灯が灯っていた。

祖父は小さな土間に下り、戸に貼りついて外を窺った。懐中電灯が下へ向けられると、そこは殆ど真っ暗になる。

そのとき、左手のほうから〈よおい、よおい〉と呼ぶ声がして、至君が飛び上がった。

「これ！　この声がしたの！」

次いで、磨りガラスの向こうを何者かが横切った。

漏れ入る裸電球を遮って、大きな影がゆっくりと上下しながら通り過ぎてゆく。

通り過ぎてからどれくらい経ったか――暗闇の中、祖父の輪郭が少し動いた。

「よし。離れまでまっすぐ走れ。だが途中、何とも目を合わせちゃなんねえぞ」

怖いよ、と晃君が泣きそうになる。

「泣くな晃。水が目から溢れちまう。お前達は生まれてからここの水を飲んどる。何も心配は要らん」

思わず、晃君は至君のいるほうを向いた。

至君は違う。至君はここの水を飲むのを厭がって、飲むふりをしてずっと捨てていた。晃君はそれを知っていて、今ここで話すべきか迷った。

そのときだ。

ごめんくださいーーと遠く、玄関から声がした。

よく知った声だ。晃君の母の声だった。思わず「お母さん！」と叫びそうになる。

「ママ！」

しかし、実際にそう叫んだのは至君だった。彼は短く叫んで祖母の腕を逃れ、一目散に廊下を駆け戻ってゆく。

「行くな！　危ねえぞ！」

廊下の電灯が点いた。丁度至君が廊下の先を、玄関のほうへと折れ曲がる。晃君もその後を追った。

迎えに来てくれたと思ったんだ――と彼は当時を思い出す。

「俺はもう滅茶苦茶に走って、土間に下りた。至がもう玄関の引き戸を開けてたんだ。そしたら外に――」

そこには、晃君の母が立っていた。

どう見ても彼の母である。外行きではない、家の台所に立つような恰好をした母がいた。

だが奇妙なことに、母は手桶をふたつ提げており、しかも至君が晃君の母上を「ママ」と呼んでいる。

後から走ってきた祖父も、晃君の母上を見て、「おっかあ――」と、ぽつり呟いた。

誰でもない。

そこにいたのは、誰でもあって、誰でもない。

なのにそれは親しい者の微笑を湛えていた。至君の頭を抱き、撫でている。

「至を放してくれえ!!」

縁側のほうから駆け込んできた曾祖父が、そう叫んで懇願した。

「水は返すからよう！　ほれ！」

曾祖父が瓶に入れて持ってきたものは、あの日、地上げ屋に振舞った黒い水だった。

訪れた何者かはその瓶を受け取り、そのまま後ろ向きに、スッとスライドしながら夜の闇へと溶けるように去って行った。


「瓶だけじゃなかった。気が付くと、至もいなくなってたんだ。叫びながら祖父ちゃん達が追って行って――」

至君は翌朝見つかった。山中にひとりでいたのだという。

深い山の一番奥、大きな岩のある水源のところだった。

「まぁ、無事だったよ」

その晩起きたことが何だったのか、誰からも説明はなかった。

「その年の秋、曾祖父ちゃんは亡くなったんだよ。歳のせいかもしれないけど、水を返すだけじゃ済まなかったのかもなぁ」

彼らは、山神と信じた曾祖父を失った。

「結局、どこまでが曾祖父ちゃんの山で、どこからが神様の山だったのか、聞けなかったよ。聞いとけばよかった。所有者がわかって境界が引ければ、ここから先は行っちゃいけないってわかるだろ」

そんな境界があるのかは疑問だ。

「……あるんじゃないかなあ。曾祖父ちゃんは自分の山を守ってたんだ。神様にだって縄張りみたいなものがさ」

山神だからってずっと山にいるとは限らない、春には田んぼに下りて来ることもあると伝えると、晃君は「ああ、なるほどなぁ」と膝を打った。

「春に田んぼに下りてくるなら、山の神様っていうのはきっと水のことなんだな」

新しい道路が通ることも、山の買い手が現れることもなく、現在に至る。

至君は、その晩から翌朝までのことを何も覚えていないという。

今はその彼が実家を継いで、山と水を守っている。

蚊帳

飯島君が大学生の頃の話。

彼は生まれも育ちも大阪で、そのまま府内の大学に進学した。

「あんまりパッとせん学部でしたけど、それでも全国あちこちから進学して来ててね」

やはり西日本出身者が多かったそうだが、中部地方や関東地方、中には遥々《はるばる》青森から来たという学生もいた。

「色んな奴と友達になれるのは楽しかったですよ。何言うてんのか全然わからん奴とか、バッタみたいなの食べる奴とか、色々おるやないですか、ハハハッ！」

当時できた友人達とは、三十歳を過ぎた今でも付き合いがあるそうで、時折一緒に食事をしたりもするという。

——中でも一番印象深かったのが、四国から来たという青年だった。

「そいつ、岩田っていうんですけどね。ゴツい身体してるわりに顔は綺麗で、大人しくて。わりとすぐに仲良くなったんです」

飯島君の軽口によく笑ってくれて、付き合いも良かった。週末になると岩田君のアパートへ転がり込み、朝までゲームをしたり、安い酒を飲んだり。

いわば気の合う相棒、といった雰囲気になったらしい。

「……ただアイツ、夏休みと正月には必ず地元に帰ってしまうんで、それが少し寂しいなァと思ってて。一緒にどっか行こうやって誘っても、いや、自分は里に帰らなアカンから、とかって」

だったらこちらがお前の実家へ行くのはどうだ、と、飯島君は提案してみた。

随分な山の中だとは聞かされていたが、それがどのような場所なのかという興味もあった。何でも家族十人以上が、大きな家に暮らしているとか……。

「岩田、ちょっとウ〜ンって考えてから、まあお前なら大丈夫だろう、って」

何が大丈夫なのかと訊ねてみたが、百聞は一見に如《し》かずだ、とはぐらかされた。

——そのような訳で二回生の夏、ふたりは夏休みが始まるとすぐに、四国某所の山深い村を目指した。

※

極めて鋭く尖った岩山の麓に、岩田君の実家はあった。

大阪からバスと汽車を乗り継ぐこと四時間。そこから更にバスに乗り、一時間。

到着したのは深い沢に身を乗り出すような、小さな集落——まだゴールではない。

その集落まで迎えに来てくれていた、岩田君のお姉さんの車に乗って、山の中へ分け入り、また一時間。

都合六時間。

太陽は既に、鬱蒼と樹々の茂る山の向こうへ隠れてしまっていた。

「……飯島君、流石に疲れたんちゃう？　大丈夫？　顔色悪いよ」

「あ、大丈夫ッス、すいません。ハハッ。……いや、やっぱ大丈夫じゃないッス。お姉さん、ちょっと車停めてください……」

あまりにもグネグネと曲がる山道に耐えきれず、彼は車から飛び出すなり嘔吐した。

岩田君が追いかけてきて、苦笑しながら背中をさすってくれた。

「昼飯を食い過ぎるなって言ったのに。ここの山道、慣れてない人が来たら必ず酔うんだから」

「……ゲホッ、ゲホッ……。お前これ、どこまで行くねん……。モノには限度っちゅうもんがあるやろ……」

「もうすぐだよ。次の峠を越えたら家だ。よく効く薬もあるし、それを飲んだらすぐに気分も良くなるって。さあ、行こう」

「くそっ、ほんまかいな……。ゲホッ……、オエッ」

とっくに後悔はしていたが、こんなところまで来てしまうと最早帰りたくても帰れない。

まさに陸の孤島だ——。

半ば引き摺られるようにして、飯島君は渋々、車に戻った。


到着したのは〈旅館のような〉古い日本家屋。

暗い森の中で浮き上がるように、暖色の電灯に照らされている。

敷地内には納屋《なや》と、色々な作物を植えた畑があるのも見える。

建物の背後が上方までずっと真っ暗闇なのは、そこに大きな山があるからだ。

「……すご、なんか映画みたい」

車酔いも忘れて、ぽかんと口を開けてしまう。

飯島君は家の中に案内され、いずれも体格の良い岩田君の兄弟両親、伯父や叔母に迎え入れられて、広い居間へと通された。

大きな座卓に見た目も華やかな郷土料理が並んでいた。

「よう来たね、さあ、遠慮せずにお座り」

「本当に珍しい。ツネオがお友達連れて来るなんて、初めてのことなんよ」

「さあさあ、ビールでええか？　それともお酒？」

割合物静かな岩田君に比べると、一家はざっくばらんなタイプが多かった。

予想以上の歓待に驚き、遠慮しつつも、飯島君はご馳走にあずかる。

——そのときである。


〈……ウオーーッ……ウオーーッオーーッ……オーーッ……〉

窓の外、森の奥のほうから雄叫びが聞こえた。

それほど大きな音量ではなかったが、明らかに人の声とわかる程度には鮮明である。

飯島君はちょっと驚いて、岩田家の人々を見回したが――。

皆、何ごとないかのように平然と談笑している。

その後も声は数分～十数分おきに繰り返されたが、宴席の様子に変化はなかった。

「……………」

おかしいな。

ここの人達が気にしないということは、あれは人ではなくて野生動物なのだろうか。

しかし猿ならもっと高い声だろうし、勿論他の動物でもないだろうし。

よくよく注意して聞いてみると、ウオーーッと叫んだあとで何か、念仏のようなものを唱えつつフェードアウトしている。

普段はあまり遠慮するタイプでもない飯島君だが、この家に来てからは何とも言えない独特な雰囲気に呑まれ、口ごもってしまう。

あの声は何ですか、のひとことが訊きづらい。

すると暫くして、今度は頭上のどこかに〈ボスン〉と、バレーボールが当たったような音がした。

飯島君は咄嗟に天井を見上げる。

〈……ボン、ボン、ボスン……、ボスン……ゴロゴロゴロゴロ……〉

どうやらそれは、瓦屋根を転がり落ちて来るようだ。

ゴロゴロゴロゴロ、と落ちてゆく先は丁度、この居間から見える庭のほう。

彼は一体何が降って来たのかと、窓の外を注視する。

だが——その音は、瓦屋根の端まで行ったところでフッと止み、それっきりとなった。

何秒待っても、何分待っても、何も庭に落ちない。

「…………」

〈……ウオーーッ……ウオーーッオーーッ……オーーッ……〉

〈……ボスン、ボン、ボン……、ゴロゴロゴロゴロ……〉

繰り返される音に困惑していると、斜め向かいに座っている岩田君と目が合った。

岩田君は少し眉を上げ、肩をすくめた。

※

「――いや、マジで何やねん。外に誰かおるやろ絶対、し、知らんオッサンが……。大声出しながら、ね、念仏唱えて……」

「はいはいわかったわかった。詳しい話は明日するから。飲まされ過ぎてベロベロじゃないか――今日はもうこの布団で寝ろ」

「……ふ、布団？　布団てお前、どこにあんねん。何やこれ、和室にテントて」

「バカ、蚊帳《かや》だよ。ほら入れ」

どん、と突かれて飯島君は寝床に転がされる。

墜落感。蚊帳の中はまるで、ワイヤーが切れたエレベーター。

遠慮を忘れて呷《あお》ってしまったアルコールで、床も天井も回っていた。

「……あかん！　こんなん立ってられへん、岩田！　オレ、立ってられへん……」

「はいはい、しっかり布団につかまってな。お休み」

「どこ行くねん！　オレをひとりにすな！　おい、岩田ぁ！」

パチンと部屋の明かりを消し、障子戸を閉めながら——逆光で表情の見えない岩田君が「蚊帳の外には出るなよ」と、言い残した。

暗闇に置いて行かれた飯島君は、尚もぐずぐずと文句を垂れていたが、いつの間にかそれも鼾《いびき》に代わっていた。

時刻は不詳、その夜のことである。

エアコンの効いた和室で高鼾をかいていた飯島君だが、ハタと気付くと、いつの間にか、布団の上に胡坐《あぐら》をかいた状態で座っていた。

つまり、座った形で目を覚ました。

「んあっ、何……？」

不思議に思う。

酔いもいくらかは醒めており、自分は寝ぼけて起き上がったのだろうかと考える。

意識がじわじわ覚醒するにつれて、尿意が膨らみ始めた。

トイレに行きたい。確か、居間の向かいにあったはずだ……。

四つん這いになり、飯島君は蚊帳から這い出した。

その途端に障子の向こうから、低く唸るような音律が聞こえ始める。

——あの、雄叫びと念仏をあげていた声だ。

今度はまるで浪曲《ろうきょく》か御詠歌《ごえいか》かというような、独特の唄を歌っている。

「……きっしょ、マジで何やねん……」

不気味としか言いようがないが、しかし尿意は堪えられない。

彼は恐る恐る障子戸に手をかけ、滑らせる。


〈ウワハハハハハハハ！　ウワハハハハハハハハ！〉

途轍《とてつ》もない音量の高笑いが降りそそぎ、飯島君は「うわあ！」と叫んでその場にひっくり返った。

少量だが、尿が漏れた。

「うう、うわッ！　うわッ！　何、待って、やめッ……」

〈ワハハハハハハハ！　ワーッハハハハハハハハハ！〉

「うわあああーッ！」

彼は蚊帳の中に逃げ込む。

その瞬間、フッ、と笑い声は止む。

ジンと耳が痛くなるくらいの静寂。

沈黙。

「……あかん、やっぱり漏れる……」

蚊帳をめくる。

〈ワーッハハハハハハハ！　ウワーッハハハハハハハ！〉

「うわあッ！」

逃げ戻る。

以下、その繰り返し――。

※

「――いや、結局は漏らさずに済んだんです。ほんまに。それって言うのも、よく見たら岩田が布団の横に、バケツを置いてくれてて」

彼の泥酔した様子を見て「気分が悪くなるかもしれない」と、あらかじめ準備してくれていたらしかった。

「……いや、まあ確かに、ちょっとは漏れましたよ。でもそんな畳が濡れるほどじゃないしね。精々、残尿くらいというか。誤差です誤差……」

バケツの中に用を足すと、ほッとした所為なのか酒が残っていたのか、またうつらうつらとし始めて――気が付けば朝になっていたそうである。

当然、彼は岩田君を問い詰めた。

これらは一体何なのか、この家はどうなっているのか、と。

「そしたら岩田の奴、お客さんが珍しいから悪戯してるだけだ、気にしなくていい、とかって。だからそれは誰の悪戯やねんって訊いたら」

――裏の山にいる天狗だ、と、彼は答えた。

話によれば、岩田君のお祖父さんは修行を積んだ山伏《やまぶし》であったらしい。

飯島君が使わせてもらった蚊帳はそのお祖父さんの遺品で、外に出なければ何もされはしなかっただろうに、とのこと。

なので――その家に泊まらせてもらった一週間の間、飯島君は決して、夜に蚊帳をめくらないようにしたという。

今となっては実に奇妙な、学生時代の夏休みの思い出。

岩田家の人々は皆親切で、またいつでも泊まりにおいで、と見送ってくれた。

岩田君は現在、とある山で修行に励む、山伏である。

あとがきのまえがり

正直に言うといつも〝あとがき〟が一番困る。

勿論謝辞を書き連ねればきりがないほどになる……その意味では書くことがない訳じゃないけれど、二ページには収まらないし限りなく私信になってしまう。

謝辞はたった一行、『AMとTに』にくらいが理想だと思うんですよ。ここでTは竹書房の皆様。

それに何より今回、実はまだ終わってない。

去年のログを見返してみると、七月五日にはゲラがあって、僕が一頁十六行（冬フォーマット）で書いていたことが判明して怒られている。

今年はまだない。それはね、いいんですよ。トラブルのない年などなかった。けど僕にとって目下の問題として、とにかくあとがきって気分にはなれない。

なので来年の話をしましょう。あとがきでなく、次回の前書きのつもりで。

次回、十干シリーズもいよいよラストとなります。僕は途中からの参加でしたけれど、延べ七巻にも亘り憧れの『超」怖い話に関わることができて、感慨無量でありました。

勿論一度として平坦な道はなく、この看板は想像より遥かに重いものでした。

「超」怖い話とは何か、これは「超」怖い話か？　一服の清涼剤か、それともただの不快な話か？　僕達は約束の場所で、なろうとしたものになれているか？

毎回全力でやってきたはずなのに、後悔も反省も必ず残りました。だから『壬』では、とにかく悔いを残さないように、それだけを考えました。

本番は来年ですが、こういうことは来年になって気付いてもやや手遅れなんです。本当の最後の、その前に気付いて、備えていないと。

少なくとも「こうしておけば……」という後悔は残らないようにしたつもりです。勿論どうにもならないことで心残りはあるけれど。

来年、『癸』で最高のフィナーレを迎えましょう。

慧眼なる読者諸氏におかれましては既にお気付きでしょうが、前書きは松村先生の仕事です。だからこの後書きのことは、単なる与太話と思っていただければ。

皆様に感謝を込めて。怪談の神の恵みがありますように。

深澤夜

あとがき

少し前に四国八十八か所霊場五番札所、地蔵寺の奥の院を訪ねた。

別に遍路参り《へんろまい》をしていた訳ではなく、たまたま暇だったので家内に連れられて、行き当たりばったりな神社仏閣巡りをしていただけの話である。

その奥の院は大きなコの字型の建物で、端から入って端から出て行く、ウォークスルータイプになっている。

「……にほん、さいだいきゅう、の、五百羅漢堂《ごひゃくらかんどう》、だそうだ」

「木像が五百体もあるから、自分に似てる像がひとつはあるんだって。面白いね」

「へえ。探してみるか」

五百羅漢、とは釈迦に付き従った五百名のお弟子さん達のこと。

拝観料を払って中に入ってみると、それらの像が薄暗い堂内の端から端までギッシリと佇立《ちょりつ》し、並んでいた。泣き顔、笑い顔、困り顔。怒り顔に、ビックリ顔。

しかも基本的に全て、等身大である。デカい。

——これは子供が見たら泣くだろうな、と思った。

古い木と埃と線香の匂いを嗅ぎながら、一体一体の顔を確認し、歩いてゆく。

「……どう？　ワイに似てる人、いる？」

「……う〜ん」

木像はいずれも彩色されており、クセの強い面立ち。デフォルメも効いている。

両の眉毛が繋がっているのは当たり前で、更にそれが髭と繋がっていたり、鼻毛と繋がっていたりする。意味がわからない。

「この人達の眉毛どうなってんだよ。当時のオシャレなのか、これは……」

「あっ！　ちょっと、あの人！」

家内が指差す先を見て、私は思わずウッ、と声を漏らした。

そこには極彩色の衣をまとう、坊主頭の——。


——だからどうという話ではない。どうもすみません。

それではまた、来年。

松

著者別執筆作品一覧

松村進吉

きゅうり
忘れ物
腹話術
石の下
飛び石
吸う
コの字
雨
先回り
井戸と猫
騒音
蚊帳

深澤夜

抜け毛
ペットボトルランド
遊具はどこへ消えた
姉ちゃんだけはまとも
上
ねじ式
ト
声
パズル
リバイバル
第三の水

「超」怖い話 壬

2022年8月5日　初版第一刷発行

編著……松村進吉
共著……深澤 夜
カバーデザイン……橋元浩明（sowhat.Inc）

発行人……後藤明信
発行所……株式会社　竹書房
〒102-0075　東京都千代田区三番町8-1　三番町東急ビル6F
email: info@takeshobo.co.jp
http://www.takeshobo.co.jp
印刷・製本……中央精版印刷株式会社